Megan Roosevelt

Superfoods for Life
KOKOSNUSS

Megan Roosevelt

Superfoods for Life
KOKOSNUSS

Mit 75 Rezepten
für Ihre Gesundheit und Schönheit

Aus dem Amerikanischen von
Elisabeth Liebl

HANS-NIETSCH-VERLAG

Titel der Originalausgabe: *Superfood Juices & Smoothies: 100 Delicious and Mega-Nutritious Recipes from the World's Most Powerful Superfoods,* erschienen bei *Fair Winds Press/Quarto Publishing Group USA Inc,* Beverly/USA

Translation Rights arranged with *Fair Winds Press/Quarto Publishing Group USA Inc,* Beverly/USA

Lektorat: Erika Konietzny, Ute Orth
Korrektorat: Ute Orth
Rezeptfotos: Glenn Scott Photography
Foodstyling:Jessica Weatherhead
Cover-Design: Kurt Liebig
Layout: Kathie Alexander, Laura H. Couallier
Satz: Kurt Liebig, Sandra Roth

Printed in China

Hans-Nietsch-Verlag
Am Himmelreich 7
79312 Emmendingen

www.nietsch.de
info@nietsch.de

ISBN 978-3-86264-331-8

Widmung

Ich widme dieses Buch Aaron,
meinem Mann und besten Freund.
Danke, dass du an mich geglaubt
und mich ermutigt hast.
Du bist mein Fels. Ich liebe dich!

Inhalt

Einführung

Die Kokosnuss gehört zu den erstaunlichsten Nahrungspflanzen auf der Erde. Sie stärkt nicht nur Herz und Immunsystem, sondern macht uns auch schöner und schlanker.
Ein echtes Superfood also! Auf den Inseln des Pazifik, auf
Hawaii, den Philippinen und in Malaysia, gehört die Kokosnuss seit Jahrhunderten zu den Grundnahrungsmitteln.
Heute ist sie so verbreitet, dass man Kokosnüsse auch
in ganz normalen Lebensmittelläden findet. Ob Sie nun
lieber junge Kokosnüsse, reifes Kokosfleisch, Kokosmilch
oder -wasser, Kokosblütenzucker der getrocknete Kokosnuss mögen – die Kokosnuss ist vielseitig verwendbar und
ausgesprochen wohlschmeckend.

Dieses Buch soll Ihnen zeigen, wie Sie die Kokosnuss sinnvoll in Ihre Ernährung
einbauen können, warum sie zu den Superfoods gehört und wie sie über die Jahrhunderte genutzt wurde. Viel Spaß mit den einfach zuzubereitenden Rezepten.

Los geht's: Wie Sie dieses Buch nutzen

Sie können es natürlich einfach von vorn bis hinten durchlesen und eintauchen in Geschichte, gesundheitliche Vorzüge und Vielseitigkeit der Kokosnuss. Aber Sie können auch einfach das Kapitel aufschlagen, das Sie am meisten interessiert! In diesem Buch finden Sie 75 leckere Rezepte – für ein gesundes Herz, zur Gewichtsreduktion, für Ihre Schönheit und zur Immunstärkung.

In Kapitel 2 – Kokosnuss für ein starkes Herz – finden Sie ein Rezept für einen Schoko-Chia-Smoothie aus cremiger Kokosmilch – ein wahres Kraftpaket mit Omega-3-Fettsäuren und Flavonoiden. Kapitel 3 zeigt Ihnen, wie Sie mit der Kokosnuss überflüssige Pfunde loswerden können – mit Tropic-Burgern aus schwarzen Bohnen, Kokos-Dressing für einen Caesar-Salat, Grünkohl-Chips und Apfel-Cupcakes. In Kapitel 4 stelle ich Ihnen die Stärken der Kokosnuss im Hinblick auf das Immunsystem vor, die Sie mit Vitamin-Drinks und einem Tropischen Fruchtsalat für sich nutzen können. In Kapitel 5 geht es um das Thema „Kokosnuss und Schönheit". Sie finden Rezepte für Haar-Conditioner, Körper-Peelings und Feuchtigkeitscremes. Denn Kokosnuss lässt sich auch äußerlich anwenden.

In Kapitel 6 lernen Sie die vielen verschiedenen Produkte kennen, die aus der Kokosnuss gewonnen werden. Und in Kapitel 7 verrate ich Ihnen, wie Sie eine Kokosnuss auswählen, aufbewahren und öffnen – ein guter Einstieg also. Sie erfahren, was Sie beim Kauf beachten sollten und welche Produkte empfehlenswert sind.

Ganz zum Schluss finden Sie noch eine Liste der am häufigsten gestellten Fragen. Hier erfahren Sie beispielsweise, wodurch sich Kokosöl und Kokosmus voneinander unterscheiden. Bezugsquellen für die hier verwendeten Kokosprodukte finden Sie im Anhang auf Seite 185 f.

Ob Sie sich nun mehr Energie wünschen, etwas Gutes für Ihr Herz tun, Pfunde verlieren oder Ihre sportliche Leistung steigern wollen – die Kokosnuss macht's möglich. Ich hoffe, dass das Buch Ihnen gefällt und dass Sie es immer wieder zur Hand nehmen. Aber nun lassen Sie uns loslegen!

KAPITEL 1

Die Geschichte der Kokosnuss

Bevor wir uns mit den gesundheitlichen Vorzügen der Kokosnuss beschäftigen, wollen wir eine kleine Zeitreise machen, um den Weg der Kokosnuss durch die die Jahrhunderte zu verfolgen. Denn die Kokosnuss hat sich im Laufe ihrer Geschichte viele Freunde gemacht und wurde bei verschiedenen Völkern ganz unterschiedlich genutzt, ob nun für Nahrungszwecke und Kleidung oder für Bau und Handel. Das Superfood, von dem wir heute noch profitieren, hat ganze Kulturen am Leben erhalten – landwirtschaftlich, wirtschaftlich und medizinisch.

Kokosnuss: Der Baum des Lebens

Die Kokospalme wird in vielen Ländern als „Baum des Lebens" bezeichnet, denn Palmen stellen auf zahlreichen Pazifikinseln seit Jahrhunderten eine natürliche Ressource dar. Insgesamt nutzt etwa ein Drittel der Weltbevölkerung die Kokosnuss als Nahrungsmittel oder für den Handel.

Die Kokosnuss ist ausgesprochen nährstoffreich. Sie liefert Ballaststoffe, Vitamine, Mineralstoffe und gesunde Fette. Daher gilt sie als sogenanntes „Superfood", als Lebensmittel mit einem besonders hohen Anteil an wertvollen Inhaltsstoffen. Wissenschaftlich heißt die Kokosnuss *Cocos nucifera*. Spanische Eroberer gaben ihr den Namen *coco*, was so viel bedeutet wie „Koboldgesicht", weil sie so sehr dem Kopf eines Kobolds bzw. Affen ähnelt.

Mitte des 17. Jahrhunderts führte Samuel Johnson in seinem *Dictionary of the Englisch Language* den Begriff *cocoanut* für Kokosnuss auf. In späteren Jahren fiel das „a" dann weg und übrig blieb in der englischen Sprache *coconut*.

Doch wo die Kokosnuss genau herkommt, ist bis heute nicht geklärt. Historiker glauben, dass die Kokosnuss zuerst in Malaysia und Indonesien wuchs – vor etwa 3000 Jahren. Heute findet man Kokospalmen in Südostasien, Indien, Australien, Neuguinea, Malaysia, Indonesien, Hawaii, in der Karibik, in Südamerika, Afrika und auf vielen Inseln des Pazifik.

Wissenschaftler nehmen an, dass die Kokosnuss sich auf zweierlei Art und Weise verbreitete: auf Schiffen und schwimmend. Vermutlich nahmen Seefahrer die Kokosnuss als Proviant auf ihre Reisen mit. Diese „Begleitfunktion" sorgte dafür, dass immer mehr Menschen von der Kokosnuss erfuhren und diese dann ebenso haben wollten. haben wollten. Doch auch schwimmend erreichte die kostbare Frucht neue Eilande: Kokosnüsse treiben auf dem Wasser und verrotten nur langsam. Daher überstanden sie solche „Seereisen" mit Leichtigkeit. Sie wurden irgendwo an Land gespült und trieben dort Wurzeln. Schon war die Einwanderung geglückt!

Die Kokosnuss – von der Blüte zur Frucht

Kokosnüsse sind die Früchte der Kokospalmen, die nur im warmen, feuchten und sonnigen Klima gedeihen. Es gibt zwei Arten von Kokospalmen, eine hohe und eine kleinere Form. Die hohe Form der Kokospalme wird meist für den kommerziellen Anbau genutzt. Doch muss der „Kokos-Bauer" geduldig sein, denn es dauert fast sieben Jahre, bis eine solche Palme Früchte trägt. Dann allerdings trägt sie bis zu achtzig Jahre lang. Daher wird diese Kokospalme auch als „Drei-Generationen-Baum" bezeichnet, der nicht nur den Bauern, sondern auch seine Kinder und seine Kindeskinder ernährt.

Die größere Form der Kokospalme wird 18 bis 30 Meter hoch. Der Stamm weist von oben bis unten denselben Durchmesser auf, im Durchschnitt sind das etwa 45 Zentimeter.

Die kleinere Kokospalme erreicht höchstens ein Drittel der Höhe ihrer großen Schwester und hat eine geringere Lebensdauer. Sie ist zwar in der Anzucht schwieriger, trägt dafür aber viel früher. Die Früchte der kleineren Form werden gewöhnlich als frische Trink-Kokosnüsse verzehrt, während die ihrer größeren Schwester zu anderen Kokosprodukten wie Kokosraspel und Kokosöl verarbeitet werden.

An der Spitze des Palmenstamms sitzen die Palmwedel, die sich nach unten krümmen und der Palme sozusagen einen eigenen Schirm schenken. Gewöhnlich trägt die Palme einen Schopf aus fünfundzwanzig bis dreißig Palmwedeln. Wenn der Stamm wächst, sterben die unteren, alten Palmwedel ab und an der Spitze der Palme wachsen neue.

Obwohl die Kokosnuss von uns als „Nuss" bezeichnet wird, handelt es sich eigentlich um eine einsamige Steinfrucht. Die Früchte wachsen nahe am Stamm in Bündeln von zehn bis zwölf Kokosnüssen. Von der Blüte bis zur reifen Nuss braucht die Pflanze ein Jahr. Wie viele Kokosnüsse Jahr für Jahr reifen, das ist ganz unterschiedlich und hängt unter anderem von den landwirtschaftlichen Praktiken ab. Unter günstigen Umständen kann eine Palme etwa sechzig Kokosnüsse pro Jahr produzieren.

Die „Frucht" selbst besteht aus mehreren Schichten: Die glatte gelbgrüne Außenhaut der Frucht und die nächste Schicht, die dick und faserig ist, sind ungenießbar. Die folgende Schicht ist die braune, steinharte Schale der Kokosnuss, so wie wir sie kennen. Sie weist jene drei „Augen" oder Keimporen auf, die der Kokosnuss das Aussehen eines Kobold- oder Affengesichtes verleihen. Der hohle Kern der Kokosnuss ist mit einem weißen, aromatisch schmeckenden Fruchtfleisch von 1 bis 2 Zentimetern Dicke ausgekleidet, das roh verzehrt werden kann. Darin befindet sich das Fruchtwasser. Vor dem Transport werden die äußeren beiden Schichten entfernt, um den Transport zu vereinfachen. Die 20 bis 30 Zentimeter lange Frucht wiegt zwischen 1000 und 2500 Gramm.

Kokosnüsse reifen nach der Ernte nicht mehr nach. Die Hauptanbauländer sind Indonesien, die Philippinen und Indien. Das weiße aromatische Fruchtfleisch enthält etwa 45 Prozent Wasser, 36 Prozent Fett, 9 Prozent Ballaststoffe und 4 Prozent Eiweiß. In den Hauptanbauländern stellt die Kokosnuss eines der wichtigsten Grundnahrungsmittel der Bevölkerung dar.

Der Weg der Kokosnuss

Eine Ausbreitung der Kokosnuss über Südostasien und Indien hinaus erfolgte wohl zum Großteil durch den Menschen. Schon die polynesischen Seefahrer brachten Kokosnüsse und ihre anderen Nahrungspflanzen und Nutztiere bei der Besiedelung der pazifischen Inseln mit. Die Portugiesen brachten die Kokospalme an die ostafrikanischen Küsten. Den amerikanischen Kontinent erreichte die Kokospalme viel später. Nachgewiesen ist der Handel mit Kokosnüssen in den Vereinigten Staaten zum ersten Mal für das Jahr 1895: Ein Müller namens Franklin Baker in Philadelphia erhielt eine Schiffsladung Kokosnüsse von einem kubanischen Kunden zur Begleichung einer Schuld. Mr. Baker versuchte, die Kokosnüsse zu verkaufen, doch

Kokosnuss als Medizin

Schon immer nutzten Naturvölker die Kokosnuss zur Heilung auf ganzheitlicher Ebene. Wissenschaftlich nachgewiesen ist, dass die Kokosnuss gegen Bakterien und andere Mikroben wirkt. Hier ein paar der bekanntesten Beispiele:

- In der traditionellen Medizin wurden Kokosprodukte erfolgreich eingesetzt bei Asthma, Verstopfung, Ohrenschmerzen, Fieber, Kopfschmerzen, Menstruationsproblemen, Läusen, Übelkeit, Hautausschlägen, Halsentzündungen, Magengeschwüren, Magenverstimmungen sowie zur Heilung von Brand-, Schürf- und anderen Wunden.
- Kokosprodukte schützen Haut und Haar vor den spezifischen Belastungen des feuchtheißen Klimas.
- Auf den pazifischen Inseln tranken schwangere Frauen Kokoswasser, um ihr Baby zu stärken.
- Heute ist nachgewiesen, dass die Kokosnuss Viren und Bakterien abtötet, Verdauungssäfte fördert, die Bauchspeicheldrüse stärkt, Schuppen beseitigt, Haut und Haar neuen Glanz verleiht, Entzündungen mildert, Energie schenkt und zur Gewebeheilung und -neubildung beiträgt. Da Kokoswasser in der ungeöffneten Nuss keimfrei ist, wurde es im Zweiten Weltkrieg zum Teil als Infusionslösung genutzt, um Flüssigkeitsmangel auszugleichen, wo dies nicht mit anderen Mitteln möglich war.

niemand wollte sie. Also fing er an, das Fleisch seiner Kokosnüsse zu trocknen und es in gemahlener Form den Hausfrauen als Backzutat zu verkaufen.

Franklin Baker wurde sozusagen der „Pionier der Kokosraspel". Er verkaufte seine Mühle schließlich, um nur noch Kokosprodukte unters Volk zu bringen. Anfang des 20. Jahrhunderts war die Kokosnuss in Mode gekommen. In Backwaren und Desserts war die Kokosnuss bald buchstäblich in aller Munde.

Auch das Kokosöl wurde immer beliebter. Bis gegen Ende der Fünfzigerjahre war es das meistverwendete Fett in den USA. Dann hieß es plötzlich, Kokosöl sei ursächlich an der Entstehung vieler Herz-Kreislauf-Erkrankungen beteiligt. Das bei diesen Studien verwendete Fett war zu weißen Ziegeln gehärtetes Kokosöl. Später wurden an der Harvard Universität neue Studien durchgeführt, die zu dem Ergebnis kamen, dass das naturbelassene Fett der Kokosnuss keineswegs schädlich ist. Die schädlichen Substanzen entstehen erst bei der Härtung - sie sind das, was wir heute als „Transfettsäuren" kennen. Die Härtung verändert das Öl chemisch und macht es zu einer für den menschlichen Körper schädlichen Substanz. Damals allerdings wurden alle gesättigten Fettsäuren vom Speisezettel verbannt, und die Kokosnuss verlor schnell an Beliebtheit. Heute hingegen empfehlen viele Ernährungsspezialisten die Kokosnuss erneut um ihrer wertvollen Inhaltsstoffe willen.

Kokosnuss: Superfood für ein ganzes Leben

Über Jahrhunderte hinweg war die Kokosnuss als wichtige Ressource für Ernährung, Bau, Handel und Medizin bekannt. Tatsächlich ist die Kokosnuss einer der wichtigsten pflanzlichen Rohstoffe, die wir haben. Jahr für Jahr werden über 20 Milliarden Kokosnüsse geerntet. Die wichtigsten Produzenten sind aktuell die Philippinen, Indien und Indonesien. Doch auch in anderen tropischen Gefilden wächst sie: in Lateinamerika, Afrika, Asien und auf den pazifischen Inseln. Die Bedeutung, die die Kokosnuss für die Bewohner dieser Inseln hat, lässt sich mit keinem anderen Nahrungsmittel vergleichen.

In Kapitel 2 werde ich genauer auf ihre Vorzüge für Menschen mit Herz-Kreislauf-Erkrankungen eingehen. In Kapitel 3 wird genau erklärt, wie der hohe Anteil von mittelkettigen gesättigten Fettsäuren, den die Kokosnuss aufweist, Ihnen beim Abnehmen helfen kann. In Kapitel 4 geht es um die antibakteriellen und antimikrobiellen Eigenschaften der Kokosnuss, die helfen, Entzündungen zu lindern und unser Immunsystem zu stärken. Da die Inselbewohnerinnen die Kokosnuss seit jeher für schöne Haut und gesunde, glänzende Haare einsetzen, erfahren Sie in Kapitel 5, wie Sie das zu Wege bringen. Kapitel 6 und 7 beschäftigen sich mit den zahlreichen Kokosprodukten von Kokoschips bis hin zu Kokosmilch. Dort finden Sie auch Hinweise und Tipps zu Kauf, Aufbewahrung und Nutzung der köstlichen Frucht.

Denn die Kokosnuss ist nicht nur köstlich, sondern auch unglaublich nützlich! Lassen Sie sich von ihrem saftigen weißen Fleisch verführen – wenn Sie nicht längst schon zu ihren bekennenden Anhängern gehören.

KAPITEL 2

Kokosnuss für ein starkes Herz

Es mag Sie überraschen, doch die Kokosnuss ist ein ausgesprochen herzfreundliches Nahrungsmittel. Zwar heißt es oft, es sei ratsam, bei Herzproblemen weniger Fett zu konsumieren, vor allem weniger gesättigte Fettsäuren. Und die Kokosnuss enthält hauptsächlich gesättigte Fette.

Doch die gesättigten Fettsäuren der Kokosnuss sind anders strukturiert und wirken daher auf Körper und Herz unterschiedlich. Die Kokosnuss enthält zahlreiche Vitamine, Mineralstoffe und Antioxidantien, die die Herzgesundheit unterstützen. In diesem Kapitel finden Sie Informationen über die Wirkung der Kokosnuss aufs Herz, Tipps für Ihre tägliche Portion Kokosnuss und viele leckere Rezepte.

Empfehlungen für eine herzgesunde Ernährung

Traditionell empfiehlt die Medizin für ein gesundes Herz, dass Sie weniger als 10 Prozent der täglichen Kalorienaufnahme aus gesättigten Fettsäuren beziehen. Diese gesättigten Fette sollten durch einfach und mehrfach ungesättigte Fettsäuren ersetzt werden, die sich meist in pflanzlichen Ölen finden.

Interessanterweise gibt es aber Kulturen, in denen die Kokosnuss Grundnahrungsmittel ist. Die Menschen dort nehmen mehr als 10 Prozent ihrer täglichen Kalorienaufnahme in Form gesättigter Fette auf, manchmal bis zu 60 Prozent, hauptsächlich Kokosfett. Es gibt zahlreiche wissenschaftliche Studien, die belegen, dass gesättigte Fette nicht verantwortlich sind für die Epidemie an Herz-Kreislauf-Erkrankungen. Eine Meta-Studie – eine Studie also, die die Ergebnisse vieler Untersuchungen zusammenfasst – wurde von Patty W. Siri-Tarino vom *Children's Hospital* in Oakland im *American Journal of Clinical Nutrition* veröffentlicht. Dr. John Briffa, der immer wieder für die Zeitschrift *Men's Health* schreibt, fasst sie wie folgt zusammen: „Diese Studie ist eine Meta-Analyse von 21 epidemiologischen Untersuchungen. Zusammengenommen basieren ihre Ergebnisse also auf Beobachtungen an nahezu 350 000 Menschen über einen Zeitraum von 5 bis 23 Jahren. Und so sehen die Resultate aus: 1. Es gibt keinen Zusammenhang zwischen dem Konsum gesättigter Fette und der Entstehung von Herzerkrankungen. 2. Es gibt keinen Zusammenhang zwischen dem Konsum gesättigter Fette und dem Auftreten von Schlaganfällen. Vermutlich wissen Sie, was das heißt: Es gibt keine Belege dafür, dass gesättigte Fette Herzerkrankungen oder Schlaganfälle verursachen."

Offensichtlich kann die kontrollierte Verwendung bestimmter gesättigter Fette sogar gut für den Körper sein. Auf jeden Fall geht der Körper mit diesen Fetten anders um, als man bislang annahm. Speziell die gesättigten Fettsäuren der Kokosnuss tragen meist dann zu einem gesunden Herzen bei, wenn die mit Kokosnuss angereicherte Ernährung einige andere Grundsätze gesunden Essens berücksichtigt.

Was sind „Herzkrankheiten"?

Herzerkrankungen sind laut den Angaben der Weltgesundheitsorganisation die häufigste Todesursache weltweit. Sie entstehen, weil die Adern in unserem Körper verhärten. Man nennt dies auch „Arteriosklerose". In den Arterien unseres Körpers lagern sich sogenannte „Plaques" ab. Dadurch verengt sich das Blutgefäß, was zu Herzinfarkten und Schlaganfällen führen kann. Man schätzt, dass 67 Prozent der Menschen, die an einer Herzerkrankung sterben, über 60 Jahre alt waren. In jüngster Zeit allerdings mehren sich Herzerkrankungen bei jüngeren Menschen.

Risikofaktoren für Herzerkrankungen

- **Bluthochdruck**: Bluthochdruck oder Hypertension ist Risikofaktor und Auslöser der Arteriosklerose.
- **Geschlecht**: Männer sind eher betroffen als Frauen.
- **Rauchen**: Nikotin und andere Schadstoffe im Zigarettenrauch sind besonders schädlich für gesunde Zellen. Sie beeinträchtigen die Gesundheit allgemein und das Herz im Besonderen.
- **Übergewicht**: Wer Diabetes oder Übergewicht hat, hat ein größeres Risiko, eine Herz-Kreislauf-Erkrankung zu entwickeln.
- **Blutfette**: Menschen mit chronisch erhöhten Blutfettwerten (Cholesterin) haben ebenfalls ein erhöhtes Risiko.

Gesättigte Fette der Kokosnuss sind anders

Gesättigte Fettsäuren unterscheiden sich von ungesättigten. Und es gibt kurzkettige, mittelkettige und langkettige Fettsäuren, die unterschiedlich auf den Körper wirken. Kokosnüsse enthalten viele mittelkettige Triglyzeride (MKT), die sich im Körper anders verhalten als andere Fette und daher positive Wirkung entfalten.

Was sind Fette?

Möglicherweise haben Sie in der Schule das ein oder andere über Fette gehört. Wenn Sie sich nicht mehr erinnern sollten, finden Sie hier einen kurzen Überblick darüber, welche Wirkung die Fette im Körper zeitigen. Damit Sie die Wunderwaffe Kokosnuss richtig zu würdigen wissen!

Alle Fette bestehen aus aneinandergeketteten Molekülen, die man „Fettsäuren" nennt. Von diesen gibt es zwei Kategorien: gesättigte und ungesättigte. Ungesättigte Fettsäuren sind entweder einfach ungesättigt oder mehrfach ungesättigt. Jede Fettsäurenkette hat ein „Rückgrat" aus Kohlenstoffatomen. Jedes Kohlenstoffatom ist mit zwei Wasserstoffatomen verbunden. Am einen Ende dieser Fettsäureketten findet man eine „Methylgruppe" (CH3), am anderen eine „Carboxylgruppe" (COOH). Diese grundlegende Struktur ist bei allen Fetten gleich. Ob eine Fettsäure nun gesättigt oder ungesättigt ist, hängt davon ab, wie viele Wasserstoffatome jeweils an einem Kohlenstoffatom hängen.

Gesättigte Fette

Bei einer gesättigten Fettsäure sitzen an jedem Kohlenstoffatom zwei Wasserstoffatome. An der gesamten Kette fehlt kein einziges Wasserstoffatom an den Kohlenstoffatomen, daher ist die Kette mit Wasserstoffatomen gesättigt. Beispiele für solche Fette in der Nahrung sind unsere wunderbare Kokosnuss, aber auch tierische Fette aus Fleisch und Geflügel, Milch und Käse. Die Fettsäuren der Kokosnuss sind hoch gesattigt.

Einfach ungesättigte Fette

Bei einer einfach ungesättigten Fettsäure fehlt an der ganzen Kette nur ein Wasserstoffatom. Da dieses fehlt, verbindet sich das ungesättigte Kohlenstoffatom mit dem nächstliegenden Kohlenstoffatom und geht eine Doppelbindung ein. Einfach ungesättigte Fette finden sich in Avocados, Walnüssen und Olivenöl.

Mehrfach ungesättigte Fette

Bei einer mehrfach ungesättigten Fettsäure fehlt in der Kette mehr als ein Wasserstoffatom. Überall dort gehen die Kohlenstoffatome mit ihren Kohlenstoffatom-Nachbarn eine Doppelbindung ein. Es gibt also mehrere Doppelbindungen in der Kette. Beispiele dafür sind Maisöl, Sojaöl und Rapsöl.

Transfette

Chemisch gehärtete Öle oder Transfette sind hingegen von Menschenhand gemacht. Solche Fette werden hergestellt, indem ein mehrfach ungesättigtes Pflanzenöl mit Wasserstoffatomen gesättigt wird. Dies verändert die Beschaffenheit des Fetts: Normales Pflanzenöl ist bei Zimmertemperatur flüssig und verhält sich nach der chemischen Behandlung wie ein gesättigtes Fett, das bei Zimmertemperatur fest (streichfähig) ist und deutlich länger haltbar ist.

Durch die Wasserstoffanlagerung verhält ein ungesättigtes Fett sich wie ein gesättigtes. Dazu sind Katalysatoren und andere chemische Stoffe nötig, die das Fett verändern. Dieser Prozess macht aus dem Fett eine für den Körper schädliche Substanz. Der einzige Vorteil dieses neuen Fetts ist, dass es eine längere Lebensdauer hat. Solche gehärteten Fette sind vor allem in industriell gefertigten Backwaren enthalten, also in Keksen, Kuchen, Cräckern, Chips, ja sogar in Erdnussbutter. Das Widersinnige daran ist, dass wir ja schon über ein natürliches Fett verfügen, das hoch gesättigt ist und Lebensmittel länger haltbar macht, ohne den Geschmack und die Beschaffenheit von Backwaren zu beeinträchtigen. Die Kokosnuss! Und dieses Fett tut unserem Körper gut.

Kurzkettige, mittelkettige und langkettige Fette

Eine kurzkettige Fettsäure weist zwischen zwei und sechs Kohlenstoffatome auf, eine mittelkettige zwischen acht und zwölf. Langkettige Fettsäuren haben 14 bis 24 Kohlenstoffatome. Die meisten natürlich vorkommenden Fettsäuren haben einen geradzahligen Anteil an Kohlenstoffatomen.

Kokosnüsse – reich an mittelkettigen Fettsäuren

Kokosöl enthält mehr mittelkettige Fettsäuren als jedes natürliche Fett der Welt. Diese mittelkettigen Fette (MKT) oder Triglyzeride verhalten sich im Körper eher wie Kohlehydrate als wie Fette. Aus diesem Grund sind die Fettsäuren der Kokosnuss so leicht verdaulich und schenken schnell Energie. Sie werden kaum langfristig gespeichert. Langkettige Fettsäuren, wie man sie in tierischen und pflanzlichen Fetten findet, brauchen länger, bis sie verdaut sind. Daher werden sie auch eher in die Fettspeicher des Körpers eingelagert.

Die mittelkettigen Fettsäuren der Kokosnuss verkleben Ihre Adern also nicht so leicht mit Plaques, da sie sich energetisch eher wie Kohlehydrate verhalten. Und die Plaques in den Adern führen, wie wir bereits wissen, zu Arteriosklerose, weltweit die häufigste Todesursache.

Stabilität und Reaktionsbereitschaft von Kokosfett stärken das Herz

Da Kokosöl viele hoch gesättigte Fette enthält, ist es vergleichsweise stabil. Wenn ein Fett „stabil" ist, heißt das, dass es sich durch Hitze, Luft und Licht nicht so schnell verändert. Je gesättigter ein Fett ist, desto stabiler ist es.

Nährstoffgehalt und Molekülstruktur eines gesättigten Fettes werden nicht so schnell umgewandelt. Ungesättigte Fettsäuren verändern sich schneller, weil sie weniger Wasserstoffatome haben und daher reaktionsbereiter sind. Weniger stabile Fette verändern ihren Nährstoffgehalt eher, wenn sie Hitze, Licht und Luft ausgesetzt sind.

Daher sind bei Fetten Einkauf und Lagerung ebenso wichtig wie die Zubereitung. In Kapitel 7 werden wir uns damit beschäftigen, wie Sie Ihre Kokosnüsse auswählen sollten, um maximalen Nutzen daraus zu ziehen. Vor allem ungesättigte Fette werden nämlich schnell „ranzig" und „schlecht", sodass Sie sie nicht mehr verwenden können. Ranzige Fette sind für den Körper giftig, da sie als freie Radikale unterwegs sind.

Was sind freie Radikale und Antioxidantien?

Das Zusammenspiel von Antioxidantien und freien Radikalen ist die jüngste Werbemasche der Lebensmittelindustrie. Mittlerweile hat jeder schon davon gehört, doch wissen Sie wirklich, wie diese Stoffe im Körper reagieren? Kokosöl kann freie Radikale im Körper unschädlich machen. Daher sollten wir uns mit dem grundsätzlichen Mechanismus kurz vertraut machen.

Oxidation ist ein natürlicher Prozess, auch im Körper. Wenn sie allerdings überhand nimmt, kann sie auch schädlich sein. Ein freies Radikal ist ein hoch reaktives Molekül, dem ein Elektron fehlt, das es sich von anderen Molekülen holt. So schädigen freie Radikale unsere Zellen. Wir nehmen sie aus äußeren Quellen auf, durch Luftschadstoffe. Aber auch Stress, künstliche Lebensmittelzusätze und gentechnisch veränderte Nahrung sind dafür verantwortlich. Antioxidantien wiederum sind Nährstoffe wie Vitamine und Mineralstoffe. Sie helfen dem Körper, die freien Radikale unschädlich zu machen und den oxidativen Stress zu verringern. Vor allem Kokosnüsse enthalten zahlreiche Antioxidantien!

Wie die Kokosnuss Stress abbauen hilft

Die Kokosnuss enthält viel Vitamin C und E, die beide freie Radikale unschädlich machen. Freie Radikale richten im Körper einigen Schaden an, doch Antioxidantien wie die in der Kokosnuss können dies verhindern.

Emotionaler, körperlicher und geistiger Stress wirken sich negativ auf die Herzgesundheit aus, weil chronischer Stress unseren Blutdruck ansteigen lässt. Mehr Fettsäuren gelangen in den Blutstrom, weil der Körper in stressigen Zeiten mehr Energie braucht. Das heißt, auch der Cholesterin- und Triglyzeridspiegel im Blut steigt. Und damit auch das Risiko für Herz-Kreislauf-Erkrankungen. Außerdem steigt die Anzahl der freien Radikale im Körper, wodurch gesunde Zellen geschädigt werden. Die Folge sind oft Entzündungen und Infektionen, die ein ideales Klima für die Plaquebildung schaffen. Diese Plaques aber sind es, die für die Verengung der Arterien verantwortlich sind. Damit steigt das Risiko einer Herzerkrankung weiter.

Schadstoffe, nicht Blutfette verursachen Plaques

Wissenschaftliche Untersuchungen zeigen, dass die Plaquebildung an der Arterienwand einsetzt, wenn diese Wand geschädigt ist. Dieser Schaden sorgt dafür, dass sich Plaques ansammeln. Mit einer fettreichen Ernährung hat dies zunächst einmal nichts zu tun. So konnte eine auf der *EuroPRevent 2013* in Rom vorgestellte Studie nachweisen, dass die Feinstaubbelastung (hauptsächlich von Autoabgasen) zu Atherosklerose führt, dem Verhärten der Arterien. Eine in der medizinischen Fachzeitschrift *PLOS Medicine* vorgestellte Studie belegt, dass sich bei Menschen, die dieser Belastung ihrer Atemluft länger ausgesetzt waren, die inneren Schichten der Halsschlagader signifikant verdickt hatten – was für Menschen in Innenstadtbereichen ein um 2 Prozent erhöhtes Risiko für einen Schlaganfall mit sich bringt.

Arterien werden also durch Schadstoffe, freie Radikale und Strahlen geschädigt, aber auch ganz simpel durch das Altern. Sobald die Verletzung da ist, lagern sich kleine Plättchen an, um die Wunde abzudichten. So wird die Arterienwand dicker und härter, der Blutfluss wird gehemmt. Am Ende kommt es zum Herzinfarkt oder Schlaganfall.

Die amerikanische *Environmental Working Group* schätzt, dass jeder normale Amerikaner regelmäßig mit etwa 6000 Chemikalien und unzähligen anderen giftigen Stoffen in Berührung kommt. Naturbelassenes Obst und Gemüse wie die Kokosnuss schenken dem Körper einen Schutzschild dagegen. Daher ist es sinnvoll, zuerst einen Entgiftungsprozess durch den Verzehr von biologisch angebauten Nahrungsmitteln einzuleiten, die ja an sich schon lecker genug sind.

Nicht jede Herzerkrankung beruht auf Verletzungen der Arterienwand, da auch noch viele andere Faktoren dazu beitragen. Und nicht alle Infektionen führen automatisch zu Arteriosklerose. Doch der regelmäßige Verzehr von Kokosprodukten schützt unseren Körper, wie es ein echtes Superfood eben tut.

Mittelkettige Fette für bessere Vitaminaufnahme

Fett hilft dem Körper, Nährstoffe wie Vitamine und Mineralstoffe aufzunehmen. Ohne Fett in der Ernährung würden wir schnell Vitaminmangel entwickeln. Vitamine aber sind für unser Leben unverzichtbar – und damit auch Fette.

Wenn Fette verstoffwechselt werden, wandern sie aus dem Dünndarm ins Blut. So werden sie dorthin verteilt, wo der Körper Energie benötigt. Gleichzeitig bringen sie Vitamine und Mineralstoffe mit, die man zur selben Zeit aufgenommen hat. Mittelkettige Fettsäuren wie jene der Kokosnuss sind viel leichter verdaulich als andere Fette. Dadurch wird auch die Vitaminaufnahme des Körpers gestärkt, denn die Kokosnuss enthält selbst viel Vitamin E, C und B_6, die für ein starkes Herz benötigt werden.

Vitamin D kann ohne Fett vom Körper nicht aufgenommen werden. Vitamin D lindert Entzündungen, stärkt das Immunsystem und trägt zu einem gesunden Körperfettanteil bei. Eine Studie, die im *American Journal of Clinical Nutrition* vorgestellt wurde, begleitete 23 Übergewichtige über einen Zeitraum von 12 Wochen, während der sie gewichtsreduzierende Kost erhielten. Die Hälfte der Probanden bekam zusätzlich noch 4000 IU (*International Unit*) Vitamin D täglich, die andere Hälfte nur ein Placebo. Am Ende der Studie zeigte sich, dass die Vitamin-D-Gruppe mehr Muskelmasse aufgebaut und eine bessere Waist-Hip-Ratio (WHR , Verhältnis von Taillen- zu Hüftumfang) hatte. Der Taille-Hüft-Quotient ist wichtig, weil Menschen mit mehr Taillenumfang ein höheres Risiko haben, Herzerkrankungen bzw. Diabetes zu entwickeln. Die mittelkettigen Fettsäuren der Kokosnuss verbessern die Vitamin-D-Aufnahme.

Vitamin K ist ebenso wichtig wie Vitamin D. Es verhindert die Verhärtung der Arterien, weil es dafür sorgt, dass Kalzium sich nicht an die Arterienwände anlagern kann. Wenn dies verhindert wird, entwickelt sich keine Arteriosklerose. Das gesunde Fett der Kokosnuss sorgt für eine bessere Vitamin-K-Absorption.

Vitamin E ist ein hervorragendes Antioxidans, das die Zellen vor Schäden durch freie Radikale schützt. Auch dieses Vitamin braucht Fett, damit es im Körper verarbeitet werden kann. Und mittelkettige Fettsäuren sind gesünder als andere Fette.

Die Kokosnuss ist ein Superfood fürs Herz, weil sie den Körper mit all diesen gesunden Vitaminen versorgt und nebenbei noch die Fettsäuren liefert, damit er diese besser aufnehmen kann.

Kokosnuss steigert gutes Cholesterin und reduziert schlechtes

Die Kokosnuss ist als natürliches Heilmittel bei vielen Herzkrankheiten hilfreich. Unter anderem deshalb, weil es den HDL-Spiegel steigen lässt. HDL ist das „gute" Cholesterin, während LDL das „schlechte" ist. Wissenschaftler gehen davon aus, dass das Verhältnis zwischen „gutem" und „schlechtem" Cholesterin einen besseren Indikator für das Risiko einer Herzerkrankung darstellt als die reinen Cholesteringesamtwerte. Da Kokosnuss den HDL-Spiegel anhebt, wird der Quotient zwischen HDL und LDL verbessert. Damit sinkt das Risiko, eine Herz-Kreislauf-Erkrankung zu entwickeln.

Kokosöl verbessert den Cholesterinwert

In einer Doppelblind-Studie, die die *U.S. National Library of Medicine and National Institutes of Health* veröffentlicht hat, wurden die Auswirkungen von Kokosöl in der Ernährung auf die biochemischen Profile von Frauen getestet, die zu viel Bauchfett hatten. Die Studie ging über zwölf Wochen, die Probandinnen waren 40 übergewichtige Frauen zwischen 20 und 40 Jahren. Diese Frauen wiesen einen besonders hohen Anteil an viszeralem Fett (Bauchfett) auf. Diese Fettablagerung aber steigert das Risiko für Herzkrankheiten, Diabetes und Schlaganfälle. Man teilte die Probandinnen in zwei Gruppen mit je 20 Frauen auf. Eine Gruppe erhielt täglich 2 Esslöffel Sojaöl, ein ungesättigtes Fett, die andere nahm täglich 2 Esslöffel Kokosöl, ein gesättigtes Fett zu sich. Ansonsten bekamen die Frauen eine kalorienreduzierte Kost und gingen täglich 50 Minuten spazieren.

Am Ende der Studie konnte sich die Kokos-Gruppe freuen über:
- erhöhte HDL-Werte (gutes Cholesterin)
- gesunkene HDL-LDL-Quotienten (ein gesunkenes Risiko für Herzerkrankungen)
- einen reduzierten Taillen-Hüft-Quotienten und damit weniger Bauchfett

Die Frauen der Soja-Öl-Gruppe hingegen hatten:
- mehr Gesamtcholesterin
- mehr LDL (schlechtes Cholesterin)
- weniger HDL (gutes Cholesterin)
- einen erhöhten HDL-LDL-Quotienten (erhöhtes Risiko für Herzerkrankungen)
- keinen reduzierten Taillen-Hüft-Quotienten bzw. Bauchfettanteil

So lautete das Fazit der Studie: „Offensichtlich führt das zusätzliche Kokosöl nicht zu erhöhten Cholesterinwerten und trägt zu einer Reduktion des Bauchfetts bei."

Erhöhte Blutfettwerte und Übergewicht sind zwei der gewichtigsten Risikofaktoren für Herzerkrankungen, die offensichtlich durch Kokosöl erheblich reduziert werden können. Denn Kokosöl erhöht das HDL im Körper und sorgt so für einen besseren HDL-LDL-Quotienten. In Kapitel 3 zeige ich Ihnen Wege zu einer schlanken Taille mit Hilfe der Kokosnuss.

Warum die Kokosnuss das Herz stärkt

Hier fasse ich noch einmal zusammen, was die Kokosnuss für Ihr Herz tun kann:
- Wissenschaftliche Untersuchungen zeigen, dass Herzerkrankungen häufig von Verletzungen der Arterienwände herrühren, die durch Giftstoffe, freie Radikale und Alterungsprozesse entstehen.
- Kokosnuss enthält mittelkettige gesättigte Fette, die leicht verdaulich sind, sodass der Körper sie zur Energiegewinnung nutzt statt zur Speicherung und Plaquebildung.
- Die mittelkettigen Fettsäuren der Kokosnuss unterstützen den Körper bei der Aufnahme von Vitaminen und Mineralstoffen.
- Kokosöl ist ein stabiles Fett, weil es hoch gesättigt ist. Es wird durch Hitze, Luft und Licht beim Kochen und Backen weniger schnell chemisch verändert.
- Kokosnuss steigert den HDL-Spiegel (gutes Cholesterin).
- Kokosnuss reduziert den HDL-LDL-Quotienten und senkt das Risiko für Herzerkrankungen.
- Kokosnuss kann Bauchfett reduzieren helfen, einen weiteren Risikofaktor.
- Antimikrobielle und antibakterielle Eigenschaften verhindern Schaden an den Arterien, der als Ursache von Herzerkrankungen gilt.

Wie Sie mit Kokosnuss Ihr Herz stärken

Wenn Sie also Ihrem Herzen neue Energie schenken wollen, nehmen Sie regelmäßig Kokosnuss zu sich. Neben einer gesunden Ernährung und einem aktiven Lebensstil ist Kokosnussverzehr ein aktiver Beitrag zu Ihrer Gesundheit. In der folgenden Tabelle finden Sie Hinweise auf die ungefähre Menge, die Sie einnehmen sollten.

Mehrere Esslöffel Kokosöl pro Tag, das mag Ihnen viel erscheinen, doch wenn Sie andere Fette damit ersetzen, ist es einfacher, als Sie denken.

Wie viel Kokosöl täglich?	
Körpergewicht (Kilogramm)	Esslöffel (Kokosöl)
mehr als 79	mehr als 4
68	3,5
57	3,0
45	2,5
34	2,0
23	1,5
11	1,0

Und das können Sie konkret tun, um die Kokosnuss zu einem Teil Ihrer täglichen Ernährung zu machen:

- Verwenden Sie Kokosöl zum Kochen. Ungesättigte Fette wie Olivenöl können Sie für Rohkost einsetzen, beim Salatdressing. Bewahren Sie alle Fette in dunklen Behältern auf, damit sie dem Licht nicht ausgesetzt sind. Verbannen Sie Transfette aus Ihrer Küche.
- Verwenden Sie Kokosfett als Streichfett. Die mittelkettigen Kokosfette werden schneller verstoffwechselt als die anderer Streichfette und versorgen den Körper mit Energie.
- Nehmen Sie Kokosfett zum Backen. Da es mehr gesättigte Fettsäuren enthält, bliebt es stabiler und hält sich länger frisch. Einfach und mehrfach ungesättigte Fette sind strukturell weniger stabil und werden schneller ranzig. Gesättigte Fette büßen ihre gesundheitlichen Vorzüge nicht so leicht ein, wenn sie erhitzt werden. Für Backwaren eignet sich Kokosfett vorzüglich: Wenn Ihr Mürbeteigrezept 200 Gramm Butter verlangt, nehmen Sie stattdessen 225 Gramm Kokosfett.

Auf den nächsten Seiten finden Sie Rezepte, die die herzgesunde Kokosnuss zur Leckerei machen – noch dazu, weil sie mit anderen Superfoods fürs Herz kombiniert wird: mit Chiasamen, Hafer, Kakao und Avocado.

Kokos fürs Herz

Schoko-Chia-Smoothie

Kakao ist reich an herzgesunden Flavonoiden, Chiasamen enthalten die für die Gefäße wichtigen Omega-3-Fettsäuren. Dazu die mittelkettigen Fettsäuren der Kokosnuss und schon haben wir einen nahrhaften Smoothie mit den Aromen von Zimt und Banane. Die Zugabe von pflanzlichem Proteinpulver macht aus dem Smoothie eine vollwertige Mahlzeit, auch wenn er schmeckt wie ein Dessert! Achten Sie bei Kakao auf Rohkostqualität, um alle Vorzüge dieser wertvollen Pflanze genießen zu können.

240 ml Kokosmilch light, ungesüßt

120 ml kaltes Wasser

1 mittelgroße Banane

**2½ EL pflanzliches Proteinpulver
in Rohkostqualität**

**1 EL Kakaopulver, ungesüßt,
in Rohkostqualität**

1 EL Chiasamen

1 TL gemahlener Zimt

225 g Eiswürfel

Alle Zutaten in einen guten Mixer geben. Glatt mixen und genießen!

Ergibt 1 Portion

Frühstücksmüsli mit Kokosmilch

Das Frühstück ist die wichtigste Mahlzeit des Tages! Damit schenken Sie Ihrem Körper einen guten Start in den Tag. Dieses Müsli enthält Vollkorngetreide, vor allem Hafer, der viele lösliche Ballaststoffe liefert. Sie unterstützen den Körper bei der Fettverdauung. Kürbiskerne enthalten viel Zink fürs Immunsystem und zur Entgiftung. Heidelbeeren stecken voller Antioxidantien, die freie Radikale unschädlich machen. Das Müsli eignet sich natürlich auch als gesunder Imbiss am Nachmittag oder als leckeres Abendessen. Ich gebe gern noch ein paar Bananenscheiben dazu.

85 g Kokoschips, ungesüßt, in Bio-Qualität

80 g Haferflocken in Rohkostqualität

100 g Quinoaflocken in Bio-Qualität

90 g Gerstenflocken in Bio-Qualität

90 g Datteln, entkernt und klein gehackt

80 g frische Heidelbeeren (wahlweise auch Trockenfrüchte)

30 Kürbiskerne in Rohkostqualität

55 g Mandelstifte

1 EL gemahlener Zimt

240 ml Kokosmilch light, ungesüßt

Kokoschips, Hafer-, Quinoa- und Gerstenflocken, Datteln, Heidelbeeren, Kürbiskerne, Mandeln und Zimt in einer großen Schüssel vermengen. Gründlich durchrühren. In einem luftdicht verschlossenen Behälter aufbewahren.

Zum Servieren mit Kokosmilch übergießen.

Ergibt 15 Portionen

Haferflocken mit Leinsamen, Zimt und Kokosmilch

Haferflocken sind wohlschmeckende Ballaststofflieferanten, die sowohl dem Magen guttun als auch das Herz stärken, da sie Cholesterin reduzieren. Wissenschaftliche Untersuchungen belegen, dass Zimt hilft, den Blutzuckerspiegel zu senken, während Leinsamen viele viele wohltuende und herzgesunde Omega-3-Fettsäuren enthält. Ein kulinarischer Leckerbissen, der das Herz schützt!

40 g grobe Haferflocken in Rohkostqualität

120 ml Hafer- oder Kokosmilch

120 ml Wasser

1 EL gemahlene Leinsamen

1 EL Mandelblätter

1 TL gemahlener Zimt

1 TL rohes Kokosmus, ungesüßt, in Bio-Qualität

240 ml gekühlte Kokosmilch light, ungesüßt

Haferflocken in Hafer- bzw. Kokosmilch und Wasser kurz aufkochen und 3 bis 5 Minuten ziehen lassen. Den fertigen Brei in eine Schüssel geben. Leinsamen, Mandeln, Zimt und Kokosmus unterrühren.

Die gekühlte Kokosmilch über die warmen Flocken gießen und servieren.

Ergibt 1 Portion

Avocado-Eiweiß-Sandwich fürs Frühstück

Mit Vollkorntoast, cholesterinfreiem Eiweiß und der nahrhaften Avocado ist diese schnell zuzubereitende Mahlzeit ein echter Genuss. Dass das Ei in Kokosöl gebraten und der Toast mit Avocadopüree bestrichen wird, verleiht dem Sandwich eine Extra-Portion gesunden Geschmack.

2 TL Kokosöl in Rohkostqualität

3 Eier (aus ökologischer Erzeugung), nur das Eiweiß

2 Scheiben Vollkorntoast

2 EL Avocadopüree (mit der Gabel zerdrücktes Avocadofleisch)

25 g frische grüne Sprossen

Meersalz und frisch gemahlener schwarzer Pfeffer (nach Belieben)

Das Kokosöl in einer kleinen Pfanne auf mittlerer Flamme zum Schmelzen bringen. Eiweiß in die Pfanne gießen und daraus ein Omelette braten. Umdrehen und auf der anderen Seite weiterbraten, bis es gar ist.

In der Zwischenzeit das Brot toasten. Jede Scheibe mit 1 Esslöffel Avocadopüree bestreichen.

Das Eiweiß-Omelette auf den Toast geben, mit Sprossen garnieren und mit Salz und Pfeffer abschmecken. Die zweite Toastscheibe darauf legen. Sofort servieren.

Ergibt 1 Portion

Salat von Mango, Kokosnuss und Grünkohl

Dieser köstliche Salat ist erfrischend und regt den Gaumen an mit ungewohnten Aromen wie etwa von gerösteten Cashewkernen. Ob ein Salat gesund ist oder nicht, hängt nicht zuletzt vom Dressing ab. Doch diese Köstlichkeit stärkt nicht nur das Herz, sondern schmeckt auch noch großartig.

270 g Grünkohl, von den Rippen befreit und fein gehackt

Saft von ½ Limette

1 EL Kokosöl in Rohkostqualität, flüssig

Meersalz zum Abschmecken

1 kleine Mango

40 g Cashewkerne, möglichst in Rohkostqualität

frisch gemahlener schwarzer Pfeffer (nach Belieben)

Den Grünkohl in eine große Schüssel geben und mit Limettensaft und Kokosöl übergießen. Mit Salz würzen.

Mit sauberen Händen das Dressing in die Blätter „reiben". Das macht sie weicher und leichter verdaulich. Einige Minuten warten, bis der Kohl das Dressing aufgenommen hat.

In der Zwischenzeit die Mango schälen, vom Stein befreien und das Fleisch grob hacken. Zum Salat geben.

In einer kleinen Pfanne auf mittlerer Flamme die Cashewkerne etwa 5 Minuten rösten, bis sie hellbraun sind. Die Nüsse über den Salat geben. Mit Pfeffer abschmecken. Servieren.

Ergibt 4 Portionen

Avocado-Tempeh-Tasche mit Kokos-Tahin-Dip

Dieses Sandwich beweist, dass es auch gesunde Burger gibt, die genauso sättigend sind. Der Dip verleiht ihm ein exotisches Kokos-Aroma!

Kokos-Tahin-Dip:

- **80–120 ml Kokosmilch**
- **60 g Tahin (Sesammus)**
- **1 El frisch gepresster Limettensaft**
- **1 EL Tamari**
- **½ TL Ahornsirup**
- **½ TL Kokosöl in Rohkostqualität**
- **2 Knoblauchzehen, fein gehackt**
- **½ TL frische Ingwerwurzel, gerieben**

Sandwichtasche:

- **1 TL Kokosöl in Rohkostqualität**
- **55 g Tempeh, in   Zentimeter dicke Scheiben geschnitten**
- **1 Vollkornbrötchen**
- **½ Avocado, geschält, entkernt und mit der Gabel fein zerdrückt**
- **1 EL Dijonsenf**
- **45 g Brokkolisprossen**

Für den Dip:

In einer mittelgroßen Schüssel alle Zutaten mit dem Schneebesen verrühren.

Für das Sandwich:

Das Kokosöl in einer kleinen Kasserolle bei mittlerer Hitze erwärmen. Die Tempehscheiben darin auf beiden Seiten etwa 2 Minuten gleichmäßig anbräunen.

Das Brötchen so in der Mitte der Länge nach aufschneiden, dass eine „Tasche" entsteht. Zuerst in jede Hälfte das Avocadomus streichen, dann den Senf. Die Tempehscheiben darauflegen. Mit Sprossen bestreuen.

In die Öffnung der Tasche 1 Löffel Dip streichen. Oder zum Dippen einen Tupfen neben die Tasche auf den Servierteller setzen.

Ergibt 1 Portion

Lachs auf Zedernholz mit süßsaurer Marinade und Kokos-Wildreis

Lachs schmeckt nicht nur köstlich, er enthält zudem auch viele herzgesunde Omega-3-Fettsäuren. Die Zubereitung im Backofen macht ihn noch gesünder. Zedernholzbretter gibt es in Geschäften für Grillzubehör.

1 Zedernholzbrett für die Zubereitung
80 ml Ahornsirup
2 TL Tamari
Saft von 1 großen Limette
1 TL Dijonsenf
750 g Lachsfilet aus Wildfang
240 ml Gemüsebrühe, salzarm
240 ml Kokosmilch
190 g Wildreis
Meersalz und frisch gemahlener schwarzer Pfeffer (nach Belieben)

Das Zedernholzbrett 4 Stunden lang in Wasser einweichen. Auf ein Backblech legen. In einer mittelgroßen Schüssel Ahornsirup, Tamari, Limettensaft und Senf zu einer Marinade verrühren. Den Lachs darin 10 bis 20 Minuten marinieren lassen.

In der Zwischenzeit den Backofen auf 250 °C (Gas Stufe 10) vorheizen.

In einer mittelgroßen Kasserolle Gemüsebrühe und Kokosmilch zum Kochen bringen. Den Wildreis dazugeben. Deckel aufsetzen und bei niedriger Hitze etwa 20 Minuten köcheln lassen. Gelegentlich umrühren.

In der Zwischenzeit das Fischfilet mit der Haut nach unten auf das Zedernholzbrett legen. Mit der restlichen Marinade besprenkeln und mit Salz und Pfeffer würzen.

Den Lachs 12 bis 15 Minuten im Backofen garen, bis er gleichmäßig durch ist. Er sollte noch saftig sein, sich jedoch gut ablösen lassen.

Den Reis auf Servierteller verteilen. Je ein Lachsfilet auf dem Wildreisbett anrichten und sofort servieren.

Ergibt 4 Portionen

Kokos-Curry mit Kichererbsen und Blumenkohl

Blumenkohl gehört zur Familie der Kreuzblütler, die bekanntermaßen das Krebsrisiko senken können. Dieses Gericht steckt voller aromatischer Zutaten, die auch noch gut für Ihre Gesundheit sind. Vollwertiger Reis enthält B-Vitamine und Ballaststoffe, die Kokosmilch macht das Curry cremig und schenkt uns die wertvollen mittelkettigen Fettsäuren.

360 ml Wasser

190 g Vollkornreis

2 TL Kokosöl in Rohkostqualität

1 kleine gelbe Zwiebel, fein gehackt

1 Karotte, in dünne Scheiben geschnitten

1 kleiner Blumenkohl, in Röschen zerteilt

240 ml Gemüsebrühe, salzarm

2 EL Currypulver zum Würzen

450 g Kichererbsen, gekocht

400 ml Kokosmilch

Meersalz und frisch gemahlener schwarzer Pfeffer (nach Belieben)

In einem mittelgroßen Topf das Wasser zum Kochen bringen. Reis dazugeben, Deckel aufsetzen, 30 bis 40 Minuten köcheln lassen. Gelegentlich umrühren.

In der Zwischenzeit das Kokosöl auf mittlerer Flamme erhitzen und die Zwiebel darin glasig braten. Karottenscheiben, Blumenkohlröschen, Gemüsebrühe hinzufügen. Mit Currypulver abschmecken. Etwa 10 Minuten garen. Kichererbsen und Kokosmilch unterrühren. Mit Salz und Pfeffer abschmecken. Weitere 10 Minuten garen, bis das Curry schön sämig und das Gemüse noch bissfest ist.

Das heiße Curry auf dem Reisbett servieren.

Ergibt 4 bis 6 Portionen

Süßkartoffel-Pommes

Pommes aus dem Backofen sind viel gesünder als aus der Fritteuse. Außerdem werden sie hier in Kokosöl gebacken. Sie sind leicht zuzubereiten, sodass Sie Pommes auch genießen können, wenn Sie auf Ihr Herz achten müssen.

1 Süßkartoffel, mittelgroß
1 EL Kokosöl in Rohkostqualität
Meersalz und frisch gemahlener schwarzer Pfeffer (nach Belieben)

Den Backofen auf 220 °C vorheizen.

Die Süßkartoffel in lange, dünne Stifte schneiden.

Auf ein Backblech geben und gleichmäßig mit Kokosöl beträufeln. Mit den Fingern gut vermischen und auf dem Backblech verteilen. Mit Salz und Pfeffer würzen.

Anschließend 15 bis 20 Minuten lang knusprig backen. Sofort servieren.

Ergibt 2 Portionen

Edamame-Spinat-Happen

Diese leckeren Teighäppchen sind ein wunderbares Party-Mitbringsel und gesund dazu – mit Spinat, Karotten, Edamame-Sojabohnen und Kokosöl.

1 EL Kokosöl in Rohkostqualität, zusätzlich etwas Kokosöl zum Bestreichen des Backblechs

170 g tiefgefrorene Edamame (Sojabohnen)

30 g Spinatblätter

55 g Karotten, geraspelt

60 ml Wasser

Meersalz und frisch gemahlener schwarzer Pfeffer (nach Belieben)

7 Blätter Filoteig, in Quadrate mit 5 cm Seitenlänge geschnitten

Den Backofen auf 190 °C (Gas Stufe 5) vorheizen. Backblech mit Kokosöl einpinseln.

In einer mittelgroßen Kasserolle die Sojabohnen mit Wasser bedeckt auf mittlerer Flamme zum Kochen bringen. Die Hitze reduzieren und 3 Minuten kochen lassen. Abgießen, trocknen lassen und mit Spinat, Karotten, Wasser, Kokosöl sowie Salz und Pfeffer in den Mixer geben. Mit der Pulse-Funktion zu einer grobkörnigen Mischung zerkleinern.

Die Filoteig-Quadrate auf der Arbeitsfläche auslegen. Je 1 Esslöffel von der Mischung aus dem Mixer darauf setzen. Zu Dreiecken falten. Den Rand mit Wasser bestreichen und sachte andrücken. Auf das Backblech setzen.

Von jeder Seite 5 Minuten goldbraun backen. Heiß servieren.

Ergibt 8 bis 10 Portionen

Avocado-Kokos-Limetten-Eis mit Zartbitterschokolade und Kirschen

Dürfen Sie Eiscreme essen, obwohl Sie auf Ihr Herz achten müssen? Bei dieser Leckerei dürfen Sie zugreifen! Außerdem befriedigt dieses gehaltvolle Eis nicht nur den Gaumen. Es ist eher aromatisch als süß, weil es aus den beiden Herzunterstützern Avocado und Kokosnuss besteht.

2 mittelgroße Avocados, geschält und entkernt

400 ml Kokosmilch light

120 ml Ahornsirup

1 El Limettensaft, frisch gepresst

Schokoraspel, zartbitter

frische Kirschen, entsteint

Avocados, Kokosmilch, Ahornsirup und Limettensaft in einen guten Mixer geben und glatt pürieren.

Die Mischung auf ein Backblech (20 x 28 Zentimeter) geben, gleichmäßig ausstreichen und 4 bis 5 Stunden in der Gefriertruhe fest werden lassen.

Mit dem Eisportionierer abstechen und hübsch anrichten. Mit Schokoraspeln bestreuen. Je 1 Kirsche darauf setzen.

Ergibt 6 bis 8 Portionen

Macarons aus Kokosnuss, Haselnuss und Heidelbeeren

Diese köstlichen Bissen enthalten Heidelbeeren mit vielen Antioxidantien, Leinsamen mit wertvollen Omega-3-Fettsäuren, Hafer, der wasserlösliche Ballaststoffe enthält, und natürlich Kokosnuss. Gesüßt und zusammen-gehalten von reinem Ahornsirup wird daraus ein vitalstoffreiches Dessert.

6 Eier (aus ökologischer Erzeugung), nur das Eiweiß

120 ml Ahornsirup

Mark von ¼ Vanilleschote

170 g Kokosraspel, ungesüßt, in Bio-Qualität

80 g grobe Haferflocken in Rohkost-qualität

30 g gemahlene Leinsamen

1 Prise Meersalz

30 g Haselnüsse (oder andere Nüsse), gehackt

40 g getrocknete Heidelbeeren (oder andere Trockenfrüchte)

Den Backofen auf 180 °C (Gas Stufe 4) vorheizen. Ein Backblech mit Back-papier auslegen.

In einer mittelgroßen Schüssel das Eiweiß steif schlagen. Ahornsirup, Vanille, Kokosraspel, Haferflocken, Leinsamen und Salz vermischen und unter das Eiweiß ziehen. Haselnüsse und Heidelbeeren unterheben. Den Teig esslöffelweise auf das Backblech geben. Mit dem Löffel zu runden Makronen formen.

Dann 10 bis 15 Minuten hellbraun backen. Auf einem Gitter auskühlen lassen. Die Macarons halten im Kühlschrank etwa 1 Woche.

Ergibt 1 Portion

Kokos-Chia-Limetten-Frischedrink

Je mehr Flüssigkeit wir zu uns nehmen, desto leichter fällt es dem Körper, Giftstoffe auszuscheiden, was besonders für das Herz gesund ist. Chiasamen sind eine gute Quelle für Omega-3-Fettsäuren. Honig süßt auf natürliche Weise mit einer Extraportion Vitaminen und Mineralstoffen. Und der Limettensaft ist ein natürliches Antibiotikum. So halten wir unseren Körper topfit!

120 ml Kokoswasser

120 ml Mineralwasser mit Kohlensäure

Saft von ½ Limette

1 EL Honig, kalt geschleudert (aus der Region)

15 EL Chiasamen

Alle Zutaten in einen guten Mixer geben und 20 Sekunden lang pürieren.

Sofort servieren oder bis zum Servieren im Kühlschrank aufbewahren. Je länger der Frischedrink steht, desto mehr dickt er aufgrund der Chiasamen an.

Ergibt 1 Portion

Kokos-Kakao-Trüffel

Diese Pralinés sind roh, das heißt, dass all die wertvollen Inhaltsstoffe erhalten bleiben, was das Dessert im besten Sinne „mächtig" macht. Kakao enthält Flavonoide, die die Blutzirkulation ankurbeln. Rohes Kokosmus und rohe Nüsse schenken uns das Antioxidans Vitamin E. Diese Trüffel gehören zu meinen absoluten Leibspeisen. Sie sind schnell zubereitet, schmecken verführerisch und stillen die Leidenschaft jedes Schokoladenliebhabers.

180 g Kakaopulver, ungesüßt, in Rohkostqualität

290 g Mandeln in Rohkostqualität

35 g Cashewkerne in Rohkostqualität

120 ml Ahornsirup

60 ml Wasser

1 gehäufter EL rohes Kokosmus in Bio-Qualität

1 Prise Meersalz

Alle Zutaten in einem guten Mixer zu einer glatten, dicken Masse verrühren.

Mit dem Esslöffel eine kleine Menge abstechen und zu Bällchen von etwa 2,5 Zentimetern Durchmesser formen. Auf einen Teller legen, abdecken und bis zum Verzehr im Gefrierschrank aufbewahren.

Die Trüffel halten sich im Gefrierschrank etwa 2 Wochen und werden am besten gut gekühlt genossen.

Ergibt 8 bis 10 Trüffel

Herzgesunder Energy-Snack

Sie brauchen schnell etwas Nahrhaftes, aber es soll auch gesund sein? Dieser Snack ist extra dafür gedacht. Wenn Sie sich herzgesund ernähren wollen, dann greifen Sie zu: Mandeln versorgen den Körper mit dem antioxidativen Vitamin E, Pistazien sind die Nüsse mit dem geringsten Fettgehalt, Cranberrys und Kokosnuss liefern zuckerfreie Energie.

45 g Pistazien in Rohkostqualität

145 g Mandeln in Rohkostqualität

80 g getrocknete Cranberrys, ungesüßt

45 g Kokoschips, ungesüßt, in Bio-Qualität

Alle Zutaten in einer mittelgroßen Schüssel mit einem Holzlöffel oder den Händen vermengen. In einem luftdicht verschlossenen Behälter bei Zimmertemperatur aufbewahren.

Ergibt 4 Portionen

KAPITEL 3

Kokosnuss
für das Idealgewicht

Und wenn ich Ihnen nun sagen würde, dass der Verzehr von Kokosnüssen schlank macht, die Schilddrüsenfunktion stärkt, Sättigung und Verdauung verbessert und den Verdauungstrakt schützt? Und es stimmt! Dieses Superfood kann all das. Hier erfahren Sie, wie Ihnen die Kokosnuss beim Gewichtsmanagement hilft, und mit welchen Rezepten Sie diese Funktion der aromatischen Nuss nutzen können.

Können Superfoods uns beim Abnehmen unterstützen?

Unsere Pfunde schmelzen, wenn wir mehr Kalorien verbrennen, als wir zu uns nehmen. Doch unsere moderne Ernährung, die zahlreichen Stressfaktoren, ein sitzender Lebensstil, Umweltgifte und der jederzeit mögliche Rückgriff auf Medikamente und Nahrungsergänzungsmittel tragen dazu bei, dass die Pfunde an unseren Hüften förmlich zu kleben scheinen. Was wir essen, wird am Ende zu einem Bestandteil unseres Körpers. Daher spielt die Ernährung eine entscheidende Rolle, wenn wir einen gesünderen Lebensstil pflegen wollen.

Die Frage ist also, ob ein bestimmtes Lebensmittel tatsächlich zum Gewichtsmanagement beitragen kann. Und auch hier ist die Antwort ein schlichtes Ja. Unsere Nahrung besteht ja schließlich auch aus Molekülen, deren Struktur sie von anderen Nahrungsmitteln unterscheidet, Makronährstoffe (Kohlehydrate, Fette oder Proteine) und Mikronährstoffe (Vitamine und Mineralstoffe).

Sowohl Mikro- als auch Makronährstoffe werden aufgrund ihrer chemischen Struktur weiter unterteilt. Fette können einfach oder mehrfach ungesättigt, gesättigt oder chemisch gehärtet und damit wasserstoffangereichert (Transfette) sein. Kohlehydrate gibt es als einfache oder komplexe Moleküle, die letztlich Zucker sind: Glukose, Sucrose, Fructose oder Laktose. Proteine hingegen bestehen aus Aminosäuren, von denen wir heute mehr als 500 verschiedene kennen. Insgesamt 22 Aminosäuren sind für den menschlichen Körper wichtig, 9 davon sind essentiell, weil sie mit der Nahrung zugeführt werden müssen, damit unsere Zellen gedeihen können.

Unser Körper geht mit diesen verschiedenen Nährstoffen ganz unterschiedlich um. Da wir diese Nährstoffe mit der Nahrung zu uns nehmen, haben sie alle verschiedene Auswirkungen auf unseren Körper. Einige sind gesünder als andere. Bestimmte Nährstoffe wurden vom Menschen künstlich beeinflusst und damit chemisch verändert. Man könnte hier von „Nährstoff-Fälschung" sprechen.

Superfoods enthalten viele gesunde Nährstoffe, die dem Körper Vitalität verleihen. Sie beugen Krankheiten vor, schenken Gesundheit, ja können Krankheiten und Unpässlichkeiten positiv beeinflussen. Die Kokosnuss ist nur eines der zahlreichen Superfoods, die uns bei der Erhaltung unserer Gesundheit und dem dafür nötigen Gewichtsmanagement unterstützen können.

Kokosfett verhilft uns zu einem gesunden Stoffwechsel

Die Molekülstruktur der Kokosnuss macht das darin enthaltene Fett zu einem idealen Partner beim Abnehmen. Dafür verantwortlich sind die mittelkettigen Fettsäuren (MKT). Triglyzeride bestehen aus Kohlenstoff, Wasserstoff und Sauerstoff. Wie lang so ein Molekül ist, hängt davon ab, wie viele Kohlenstoffatome darin gebunden sind. Ein MKT mit 12 Kohlenstoffatomen hat gewöhnlich eine schlechte Presse, da man ihm als gesättigtem Fett eine negative gesundheitliche Wirkung nachsagt. Aber MKTs wirken auf den Körper ganz anders als langkettige Fette. Wenn Sie also darauf achten, nicht zu viel zu essen, sind mittelkettige Fette die bessere Wahl. Der Körper gewinnt schnell Energie daraus und lagert sie nicht so leicht in seine Fettdepots ein.

Zahlreiche wissenschaftliche Studien zeigen, dass Menschen, die viele MKTs in ihre Ernährung aufnehmen, einen höheren thermogenen Effekt im Körper erzielen, Fett wird also besser verbrannt. Langkettige Fettsäuren hingegen werden eher in die Fettspeicher des Körpers eingeschleust. Kokosnuss regt also den Stoffwechsel an und trägt so zum Abnehmen bei. Eine Studie, die im *American Journal of Clinical Nutrition* veröffentlicht wurde, vergleicht den Einfluss von mittel- und langkettigen Fetten auf Körperfettanteil, Grundumsatz und Fettverbrennung bei Ratten. Das Fazit ist klar: „Mehr MKT bedeutet weniger Körperfett aufgrund erhöhter Fettverbrennung und eines höheren Grundumsatzes." Die mittelkettigen Fette der Kokosnuss haben außerdem fast 10 Prozent weniger Kalorien als langkettige. Mittelkettige Fettsäuren schlagen mit 8,3 Kalorien pro Gramm zu Buche, während langkettige es auf gut 9 Kalorien pro Gramm bringen.

Der Körper braucht Fette

Kokosnuss ist ein fettreiches Nahrungsmittel. Die meisten Menschen befürchten, dass sie dicker werden, wenn sie mehr Kokosnuss essen. Doch die wissenschaftlichen Fakten belegen das Gegenteil. Gesunde Fette wie die der Kokosnuss stillen den Hunger und regen den Stoffwechsel an, sodass Sie am Ende Pfunde verlieren.

Der Hype um fettfreies und fettarmes Essen in den Achtzigerjahren hat zur Verdammung des Fetts geführt. Doch Gewichtsabnahme beruht auf mehreren Faktoren. Ganze Nährstoffgruppen wegzulassen ist kontraproduktiv. Zum einen werden Sie dann meist schlechte Laune haben, zum anderen werden Sie danach vermehrt alles essen, was Sie vorher nicht durften, und wieder zunehmen.

Unser Körper braucht Fett. Fette sichern die hormonelle Kommunikation im Körper, schützen die Organe und stärken die Gehirnfunktion. Wenn Sie sich nur fettfrei oder fettarm ernähren, kann es zu folgenden Problemen kommen:

- trockene Haut, Ekzeme, Schuppenflechte, Akne
- Verstopfung, Blähungen, Verdauungsprobleme
- Gewichtszunahme, Energieverlust, verringerte Libido
- Haarausfall, Spliss und Nagelprobleme
- Leber- und Nierenschäden
- Depressionen, Schlaflosigkeit,
- Allergien, geschwächtes Immunsystem
- Ameisenlaufen in Armen und Beinen

Eine im *American Journal of Clinical Nutrition* veröffentlichte Studie besagt, dass Frauen zwischen 20 und 39 einen Körperfettanteil von 21 bis 32 Prozent haben sollten, bei Frauen zwischen 40 und 59 sollte er bei 23 bis 33 Prozent liegen. Für Männer zwischen 20 und 39 ist ein Körperfettanteil von 8 bis 19 Prozent am gesündesten, zwischen 40 und 59 sollte er 11 bis 21 Prozent betragen. Fitnessfanatiker und Sportler haben häufig einen geringeren Körperfettanteil. Doch Fett ist für wichtige Prozesse im Körper eine wesentliche Voraussetzung, also legen Sie die Angst vorm Fett ab! Fangen Sie an zu essen und von innen heraus gesund und schön zu werden.

Kokosnuss für eine gesunde Schilddrüse

Im Westen ist eine gestörte Schilddrüsenfunktion schon fast die Regel. Auch sie trägt zu erhöhtem Körpergewicht bei. Die Schilddrüse ist eine der größten Drüsen im Körper und reguliert unter anderem den Stoffwechsel. Ein langsamer Stoffwechsel führt naturgemäß zu Übergewicht.

Wenn Ihre Schilddrüse nicht ausreichend arbeitet, wird das Abnehmen schwierig, da dann auch der Grundumsatz reduziert ist. Die mittelkettigen Fettsäuren der Kokosnuss regen den Stoffwechsel an. Daher ist Kokosnuss für alle, die unter Schilddrüsenunterfunktion leiden, eine gesunde Ergänzung zu anderen Nahrungsmitteln.

Langkettige Fette in Pflanzenölen erleiden durch Licht, Luft und Wärme schnell einen Qualitätsverlust. Dann verhalten sie sich im Körper wie freie Radikale, die die Zellen schädigen. Das Fett in der Kokosnuss hingegen ist sehr stabil und erhöht den oxidativen Stress für den Körper nicht. Außerdem enthält die Kokosnuss viele Vitamine, die die Schilddrüse unterstützen wie C-, E- und B-Vitamine bzw. Zink. Sie können Ihre Schilddrüse anregen, wenn Sie täglich 2 bis 3 Esslöffel Kokosöl in Rohkostqualität zu sich nehmen.

Kokosnuss macht satt

Satt sein heißt, dass wir uns nach einer Mahlzeit zufrieden und voll fühlen. Doch es geht nicht nur darum, einen vollen Bauch zu haben, sondern auch darum, ob der Körper genügend Nährstoffe bekommt. Diesbezüglich ist die Kokosnuss ein echter Renner.

Fett und Proteine sind komplexere Moleküle als Kohlenhydrate, weshalb sie länger verdaut werden müssen. Daher hält das Gefühl, satt zu sein, länger an. Wir greifen nicht so schnell wieder zu. Abnehmen ist kaum möglich, wenn Sie dauernd hungern müssen! Die mittelkettigen Fette der Kokosnuss lassen das Gefühl der Sättigung länger anhalten.

Außerdem enthält die Kokosnuss viele Ballaststoffe, vor allem von der wasserlöslichen Sorte. Der Körper kann Ballaststoffe nicht verdauen, daher verweilt die Nahrung länger im Magen. Auch dies sorgt für ein lang anhaltendes Sättigungsgefühl.

Haben Sie sich je satt und zufrieden gefühlt, wenn Sie Brezeln essen? Vermutlich nicht. Und wenn doch, so haben Sie vermutlich recht viele in sich hineingestopft, sodass Sie sich hinterher aufgebläht fühlten statt voller Energie. Das liegt daran, dass Brezeln und andere hoch verarbeitete Produkte der Nahrungsmittelindustrie wenig Ballast- und Nährstoffe enthalten. Wenn wir hingegen vollwertige Lebensmittel verzehren, steigt das Sättigungshormon Leptin an und signalisiert dem Gehirn, dass wir unserem Körper das Richtige gegeben haben. Dann hören wir auf zu essen. Hochkalorische Nahrungsmittel hingegen füllen unseren Magen nicht und machen daher nicht satt. Die Kokosnuss mit ihren zahlreichen Nähr- und Ballaststoffen schenkt uns ein intensives, gesundes Sättigungsgefühl.

Die mittelkettigen Fettsäuren der Kokosnuss schwächen außerdem den Appetit. Die *U.S. National Library of Medicine and National Institutes of Health* führte eine zweiwöchige Studie an 6 gesunden Männern durch, die jeweils eine Kost mit geringem, mittlerem und hohem Anteil an mittelkettigen Fettsäuren erhielten. Die Probanden, die viele mittelkettige Fettsäuren verzehrten, nahmen insgesamt weniger Kalorien auf als die anderen. Fazit der Forscher war, dass der Ersatz anderer Fette durch mittelkettige Fette „die übermäßige Energieaufnahme und Gewichtszunahme durch fette, energiereiche Ernährung reduzieren kann".

Außerdem enthält die Kokosnuss zahlreiche für das Allgemeinbefinden wichtige Vitalstoffe wie Zink, Kalium, Magnesium, Selen und Kupfer. Diese Mikronährstoffe werden häufig bei der Ernährung übersehen, dabei haben sie eine Schlüsselfunktion für unseren Körper und unser Gewichtsmanagement.

Kokosnuss fördert die Verdauung und Entgiftung

Kokosnuss enthält Ballaststoffe, Vitamine und Mineralstoffe, die für einen gesunden Verdauungstrakt sorgen, für eine kürzere Verweildauer der Nahrung darin und damit eine bessere Entgiftung.

Unser Körper befreit sich auf drei Wegen von Schlacken: über Stuhlgang, Urin und die Haut. Daher ist ein gesunder Verdauungstrakt auch so wichtig für unsere Gesundheit und unser Gewicht. Was wir nicht ausscheiden, bleibt uns im Körper erhalten und reduziert unsere Energie. Mitunter gelangen die Schlacken sogar zurück ins Blut und führen zu zahlreichen hormonellen und gesundheitlichen Problemen. Natürlich hängt es von vielen Dingen ab, wie unsere Ausscheidung funktioniert, doch der Schlüssel ist hier die Aufnahme von löslichen und unlöslichen Ballaststoffen.

Wenn Ihre Verdauung also nicht so recht funktioniert, bedeutet das, dass Sie sich innerhalb kürzester Zeit einfach miserabel fühlen und natürlich auch an Gewicht zulegen, vor allem um die Körpermitte herum. Vermutlich sind Sie müde, träge, schlecht gelaunt und haben häufig Kopfschmerzen. Außerdem kann ein schlechter Stuhlgang zu entzündlichen Dickdarmerkrankungen, Reizdarm-Syndrom, ja sogar zu Darmkrebs führen.

Wohlfühlen mit ballaststoffreicher Kokoskost

Kokosnuss macht einen flachen Bauch und ist ganz allgemein gesund für den Körper. Etwa 93 Prozent der Ballaststoffe in der Kokosnuss sind wasserunlöslich, circa 7 Prozent löslich. Das US-Landwirtschaftsministerium gibt an, dass in 30 Gramm getrockneter, ungesüßter Kokosnuss 4,6 Gramm Ballaststoffe enthalten sind und in 240 Milliliter Kokosmilch etwa 5,3 Gramm.

Lösliche Ballaststoffe aber nehmen Wasser auf und quellen dabei auf, was die Verdauung fördert. Lösliche Ballaststoffe funktionieren wie ein Gel, das sich an die Darmwand legt und sie vor Giftstoffen, Cholesterin und anderen schädlichen Stoffen schützt. Ausgezeichnete Lieferanten von löslichen Ballaststoffen sind Hafer und das Pektin von Früchten.

Nicht lösliche Ballaststoffe sind sozusagen die „Kehrschaufel" im Darm, die den Stuhlgang durch den Darm und hinaus befördert. Wenn Sie vorzugsweise einen Ballaststofftyp konsumieren, gerät unser Körper aus dem Gleichgewicht. Dann kommt es zu Problemen wie Verstopfung, Blähungen, Durchfall und dem berühmten „Völlegefühl", aufgrund dessen wir unsere Jeans häufig nicht mehr zu bekommen. Gute Quellen für nicht lösliche Ballaststoffe sind Nüsse und Gemüse. Letzteres sollte allerdings im Ganzen verzehrt werden, also mit Haut und faserigen Bestandteilen.

Wir brauchen also die richtige Balance zwischen löslichen und unlöslichen Ballaststoffen. Im Allgemeinen fehlt es in der westlichen Durchschnittsernährung eher an unlöslichen Ballaststoffen. Empfohlen wird, dass Erwachsene 25 bis 35 Gramm täglich oder auf je 1000 Kalorien 14 Gramm unlösliche Ballaststoffe zu sich nehmen.

Die Kokosnuss ist ein ausgesprochen leckerer Lieferant solcher Ballaststoffe und schützt unseren Körper daher vor allen Problemen, die von einer ballaststoffarmen Ernährung herrühren.

Kokosnuss – schneller Energielieferant beim Sport

Mittelkettige gesättigte Fette, wie sie in der Kokosnuss enthalten sind, sind ideal für Sportler oder Diabetiker, die mehr Protein und weniger Kohlehydrate zu sich nehmen wollen. Kohlehydrate werden vom Körper schnell zu Zucker verstoffwechselt und lassen den Blutzuckerspiegel entsprechend in die Höhe schießen. Bei niedriger Kalorienaufnahme fällt diese Energiequelle aber weg. Mittelkettige Fettsäuren sind ein guter Ersatz, da sie vom Körper zur Energiegewinnung genutzt werden, den Blutzuckerspiegel aber nicht erhöhen. Wenn Sie also Sportler oder Diabetiker sind oder vielleicht einfach nur Gewicht verlieren wollen, ohne dabei den Verstand zu verlieren, nehmen Sie regelmäßig naturbelassene Kokosnuss zu sich. Streichen Sie statt Butter Kokosmus aufs Brot. Verwenden Sie Kokosöl zum Braten von Gemüse. Dann haben Sie genug Energie zur Verfügung und können trotzdem auf Kohlehydrate weitgehend verzichten.

Kokosblütenzucker für besondere Anlässe

Viele Menschen, die ein paar Pfunde verlieren wollen, fragen sich, welche alternativen Süßungsmittel es gibt, um Kalorien einzusparen. Kokosblütenzucker ist ein ausgezeichneter Ersatz für gewöhnlichen Zucker. Er beeinflusst den Blutzuckerspiegel deutlich weniger, da er einen glykämischen Index oder Glyx von 35 hat. (Der Glyx ist ein Indikator für die Wirkung von Lebensmitteln auf den Blutzucker. Je höher der Wert ist, desto stärker steigt der Blutzuckerspiegel. Alle Lebensmittel mit einem Glyx unter 55 gelten als niedrig-glykämisch.) Außerdem schenkt er dem Körper zahlreiche Vitamine und Mineralstoffe wie Eisen, Zink, Kalzium und Kalium, dazu Polyphenole und Antioxidantien.

Außerdem wird Zucker meist mit anderen Nahrungsmitteln mit hohem Glyx kombiniert – z. B. bei Kuchen. Wenn Sie also zum Backen Kokosblütenzucker und

Weißmehl verwenden, bringt Sie das nicht weiter. Kombinieren Sie den Kokosblütenzucker doch lieber mit Kokosmehl, dann haben Sie ein Dessert, das hochwertige
Nährstoffe enthält und den Blutzuckerspiegel nicht steil in die Höhe jagt.

Alles in allem ist Zucker nicht gesund, und wir sollten ihn nicht täglich essen, sondern
nur sparsam verwenden, auch wenn es Kokosblütenzucker ist. Er ist vergleichbar mit
gesunden Süßungsmitteln wie Honig oder Ahornsirup. Aber er sollte für besondere
Gelegenheiten reserviert bleiben. Backen mit Kokosblütenzucker und anderen
Lebensmitteln mit niedrigem Glyx beschert Ihren Lieben eine gesunde Freude!

Warum Kokos ein Superfood fürs Abnehmen ist

Hier finden Sie eine Zusammenfassung der wichtigsten Argumente, die die Kokosnuss zum Superfood für jeden machen, der Pfunde verlieren möchte.

- Die mittelkettigen Fettsäuren der Kokosnuss steigern den Grundumsatz, was
  das Gewicht positiv beeinflusst. Daher ist Kokosnuss auch für Menschen mit
  Schilddrüsenunterfunktion ein Lebensmittel, das ganz oben auf der Einkaufsliste
  stehen sollte.
- Die mittelkettigen Fettsäuren der Kokosnuss machen länger satt.
- Mittelkettige Fettsäuren der Kokosnuss liefern etwa 10 Prozent weniger Kalorien
  als langkettige. Mittelkettige Fettsäuren schlagen mit 8,3 Kalorien pro Gramm zu
  Buche, langkettige mit 9 Kalorien.
- Kokosnuss ist reich an gesunden Vitalstoffen wie Zink, Kalium, Magnesium, Selen
  und Kupfer.
- Bei einer Kost zur Gewichtsreduktion nimmt der Körper wenig Kohlehydrate auf,
  die eine seiner Hauptenergiequellen sind. Daher fühlt man sich dabei oft müde
  und schlapp. Die mittelkettigen Fettsäuren der Kokosnuss hingegen werden
  vom Körper wie Kohlehydrate zur Energiegewinnung herangezogen, lassen aber,

anders als diese, den Blutzuckerspiegel nicht ansteigen, sodass es nicht mehr zu Heißhungerattacken kommt.

- Kokosblütenzucker hat einen glykämischen Index von 35 und wirkt sich daher weniger auf den Blutzuckerspiegel aus als Glukose bzw. weißer Zucker, die einen Glyx von etwa 60 haben. Dies ist sehr wichtig, denn chronisch hoher Blutzucker belastet den Körper, was am Ende gar zu Diabetes führen kann.

So purzeln die Pfunde

Am wichtigsten ist hier, dass Sie nur naturbelassene, ungesüßte Kokosnüsse aus biologischem Anbau verwenden. Ein Kokosriegel mit Schokoüberzug oder Kokoschips mit Zucker sind hier jedenfalls nicht gemeint. Beides macht am Ende nur dick.

Hier ein paar Tipps, wie Sie mehr Kokosnuss in Ihre tägliche Ernährung integrieren können, wenn Sie Ihr Idealgewicht halten oder abnehmen möchten:

- Ersetzen Sie Ihr Bratfett durch Kokosöl, denn die gesättigten Fettsäuren der Kokosnuss weisen eine höhere Hitzebeständigkeit auf. Der Rauchpunkt liegt höher, das heißt, das Öl zersetzt sich nicht, wenn es stark erhitzt wird.
- Vor allem bei hohen Temperaturen wie beim Frittieren oder Backen ist Kokosöl die gesündere Wahl.
- Nehmen Sie Kokosmus als Brotaufstrich statt der üblichen langkettigen tierischen Fette wie in der Butter oder der Transfette in Margarine. Beides ist schwer verdaulich und wird eher in den Fettspeichern gelagert als das leicht verdauliche Kokosfett.
- Sehr lecker ist Kokosmilch aus dem Tetrapak oder in der Dose. Damit lässt sich auch der Morgenkaffee verfeinern. Kokosmilch hat einen hohen Fettgehalt und eignet sich für alle, die abnehmen, aber trotzdem Milchkaffe trinken wollen.
- Kokoswasser gibt es im Tetrapack. Mit Kokosmilch vermischt schmeckt es lecker

über Frühstücksflocken, in Smoothies und natürlich als Drink. Kokoswasser ist die milchige Flüssigkeit aus der jungen Kokosnuss, Kokosmilch hingegen wird aus dem Fruchtfleisch hergestellt und ist daher gehaltvoller. Mischen Sie ganz nach Belieben, bis Sie Ihre Lieblingskonsistenz gefunden haben.

- Achten Sie darauf, genügend Ballaststoffe aufzunehmen: für Erwachsene sind dies 25 bis 35 Gramm pro Tag oder 14 Gramm auf jeweils 1000 Kalorien der Nahrungsaufnahme. Bestreuen Sie einfach Ihr Frühstücksmüsli oder Ihren Gemüsesalat mit ungesüßten Kokosraspeln. Das verleiht Ihren Speisen eine exotische Note.
- Nehmen Sie Kokosblütenzucker statt weißen Zucker für Ihre Kuchen und Süßspeisen, wenn Sie dem Leben eine süße Seite abgewinnen wollen.

Mehr über die Auswahl und den Kauf von Kokosnüssen und Kokosprodukten finden Sie in Kapitel 7 und in den Bezugsquellen im Anhang auf Seite 185.

Leichter leben mit Kokos

Apfel-Cupcakes

Wie wär's mit einem flotten Snack? Diese Rohkost-„Cupcakes" stecken voller gesunder Zutaten wie Mandelmus und Kokoschips. Kinder und Junggebliebene können gar nicht genug davon kriegen – ob nun zum Frühstück oder als Dessert.

1 mittelgroßer Apfel

2 EL Mandelmus in Rohkostqualität

ungesüßte Kokoschips, getrocknete Johannisbeeren, Schokoraspel und gehackte Nüsse als Topping

Den Apfel in der Mitte halbieren und entkernen. Jede Hälfte mit Mandelmus bestreichen.

Das Mus mit Kokoschips, Schokoraspeln, Beeren und Nüssen bestreuen. Sofort servieren.

Ergibt 1 Portion

Yam-Yam-Smoothie

Smoothies können eine Mahlzeit ersetzen, vor allem an einem heißen Sommernachmittag, wo alles nach Erfrischung lechzt. Die Minze tut dem Magen gut, die Wassermelone steckt voller Vitalstoffe und die Kokosnuss ...

150 g Wassermelone, gewürfelt

240 ml Kokoswasser

2 frische Minzblätter

3–4 Eiswürfel

Alle Zutaten im Mixer gut durchpürieren. Sofort servieren.

Ergibt 1 Portion

Heidelbeer-Kokos-Muffins

Sie haben morgens keine Zeit für Haferbrei und Müsli? Dieses Muffin ist eine prima Alternative. Heidelbeeren, Bananen und Ahornsirup schenken schnelle Energie. Zimt kurbelt den Kreislauf an, Kokosnuss und Hafer machen satt. Super oder?

3 EL rohes Kokosmus in Bio-Qualität

1½ EL Chia- oder Leinsamen, gemahlen

60 ml Wasser

125 g Vollkornweizen-, Dinkel-, Quinoa- oder Kokosmehl

60 g feine Haferflocken in Rohkostqualität

½ TL gemahlener Zimt

¼ TL Meersalz

55 g gehackte Mandeln

1 TL Natriumbicarbonat

½ TL Weinsteinbackpulver

280 ml Kokosmilch, ungesüßt

120 ml Ahornsirup

3 EL Mandelmus in Rohkostqualität

1 große Banane, zerdrückt

110 g Heidelbeeren

45 g Kokosraspel, ungesüßt, in Bio-Qualität

Den Backofen auf 170 °C (Gas Stufe 3) vorheizen. 1 Esslöffel Kokosmus erwärmen und damit 12 Muffinformen einpinseln. Beiseite stellen.

In einer kleinen Schüssel das Chiamehl mit dem Wasser anrühren. In einer großen Schüssel die Chiamischung mit Haferflocken, Zimt, Salz, Mandeln, Natriumbicarbonat, Backpulver vermengen und beiseite stellen.

In einer Schüssel das restliche Kokosmus, Kokosmilch, Ahornsirup, Mandelmus und Banane verrühren. Die feuchten Zutaten zu den trockenen geben und unterrühren. Die Heidelbeeren unterheben. Den Teig löffelweise in die Formen geben. Kokosraspel daraufstreuen, 25 Minuten goldbraun backen. Wenn beim Anstechen kein Teig mehr kleben bleibt, sind die Muffins fertig.

Ergibt 12 Portionen

Schwarze-Bohnen-Burger

Seien wir doch ehrlich – manchmal braucht man einfach einen Burger. Wenn Sie das nächste Mal solche Gelüste überfallen, greifen Sie doch zu diesem Sattmacher. Grillen Sie die Ananas mit den Burgern und servieren Sie das Ganze mit den Süßkartoffel-Pommes von Seite 45.

2½ TL gemahlene Leinsamen

120 ml warmes Wasser

1½ TL Kokosöl in Rohkostqualität, zusätzlich etwas Kokosöl für die Brötchen

80 g Zwiebelwürfel

1 große Knoblauchzehe, gehackt

75 g Semmelbrösel aus Vollkornweizen (3 Scheiben Vollkorntoast im Mixer zerkleinern)

160 g Vollkornreis- oder Quinoamehl

110 g Karotten, geraspelt

170 g gekochte schwarze Bohnen, zerdrückt

70 g Sonnenblumenkerne

35 g gehackte Mandeln

1 EL Tamari

15 g Petersilie, fein gehackt

1 TL Chilipulver

1 TL Kümmelpulver

1 TL frischer Oregano

Meersalz und frisch gemahlener schwarzer Pfeffer (nach Belieben)

6 Burger-Brötchen aus Vollkorn

Grillsauce zum Servieren

6 Scheiben frische Ananas

6 Scheiben Avocado

Kräuter zum Garnieren

Den Backofen auf 180 °C (Gas Stufe 4) vorheizen.

In einer kleinen Schüssel Leinsamen mit warmem Wasser verrühren und 10 Minuten quellen lassen. In einer Kasserolle auf niedriger Flamme 7 bis 8 Minuten lang Zwiebel und Knoblauch im Kokosöl schön braun braten.

In einer großen Schüssel Semmelbrösel, Mehl, Karotten, Bohnen, Sonnenblumenkerne, Mandeln und Tamari verrühren. Mit Petersilie, Chili, Kümmel und Oregano abschmecken. Mit Salz und Pfeffer würzen. Alle Gewürze mit den Händen gut einarbeiten. Aus dem Teig sechs flache „Hamburger" formen.

Auf dem Gas- oder Holzkohlegrill ein mittleres Feuer anzünden.

Die Hamburger auf dem Backblech 15 Minuten vorbacken. Herausnehmen und auf den Grill legen. Dort die

Hamburger 4 bis 6 Minuten auf jeder Seite golden und knusprig braten. Die Brötchen mit Kokosöl bestreichen, die Hamburger hineinlegen. Dann 1 Scheibe gegrillte Ananas und 1 Scheibe Avocado darauflegen. Mit etwas Grillsauce und Kräutern servieren.

Ergibt 6 Portionen

Pfirsich-Kokos-Frischedrink

Diese frische Köstlichkeit kann mit jedem Energy-Drink mithalten. Pfirsiche enthalten viel Lycopin und Lutein, die Herz und Immunsystem stärken. Dazu die kaliumreichen Bananen, Kokoswasser und Chiasamen, die Ballaststoffe schenken. So bleiben Sie länger satt!

170 g frische oder 250 g tiefgefrorene Pfirsiche
1 mittelgroße Banane
240 ml Kokoswasser
1 EL Chiasamen
3–4 Eiswürfel

Alle Zutaten in einen guten Mixer geben und gründlich pürieren. Sofort servieren.

Ergibt 1 Portion

Kokos-Bananen-Riegel

Energieriegel sind ideal, wenn man nicht zu Hause essen kann. Natürlich können Sie die Zutaten ganz nach Belieben mischen. Nur auf die Ausgewogenheit sollten Sie achten: Hier gibt es Kohlehydrate (Bananen und Datteln), Proteine (Walnüsse) und gesunde Fette (Kokosmus). Die Datteln halten den Riegel zusammen, sind aber auch stark alkalisch, sodass Sie der Übersäuerung im Körper entgegenwirken. Ihre speziellen Ballaststoffe – Beta-D-Glucan – verringern die Cholesterinaufnahme und beeinflussen den Blutzuckerspiegel positiv.

80 g Bananenchips in Bio-Qualität
180 g Datteln, entkernt und klein gehackt
2 EL rohes Kokosmus in Bio-Qualität
100 g Walnüsse in Rohkostqualität

Bananenchips, Datteln und Kokosmus in den Mixer geben und mit der Pulse-Funktion 1 bis 2 Minuten vermengen. Den „Teig" in eine Schüssel geben.

Walnüsse in den Mixer geben und klein hacken. Die Walnüsse gleichmäßig in den „Teig" einarbeiten.

Den Teig auf eine Frischhaltefolie geben, mit einem weiteren Stück Frischhaltefolie bedecken. Mit dem Nudelholz etwa 1 Zentimeter dick ausrollen.

Den Teig im Kühlschrank mindestens 1 Stunde kühlen.

Die Frischhaltefolie abziehen und den Teig in 8 große oder 16 kleine Rechtecke schneiden.

Einzeln in Frischhaltefolie oder Wachspapier für Lebensmittel verpackt in einem luftdicht verschlossenen Behälter im Kühlschrank aufbewahren.

Ergibt 8 große oder 16 kleine Riegel

Warmer Spinatsalat mit Pinienkernen

Vermutlich wissen Sie es schon: Je farbenprächtiger Ihre Mahlzeiten sind, umso gesünder sind sie auch. Spinat ist ein tiefgrünes Gemüse. Er ist reich an Karotinen, Folsäure, Mangan, Magnesium, Eisen, Lutein und den Vitaminen C, K, B_1, B_2, B_6 und E. Doch in unserem Salat können Sie auch noch herzgesunde Tomaten genießen sowie die Radikalekiller Kokosöl und Pinienkerne. All das kann helfen, den Blutdruck niedrig zu halten und den Blutfluss zu verbessern. Damit Ihr Herz noch lange Zeit kräftig schlägt!

2 EL Kokosöl in Rohkostqualität

60 g frische Spinatblätter

20 g Pinienkerne

150 g Kirschtomaten, in Scheiben geschnitten

1–2 Esslöffel Kokos-Balsamico-Dressing (siehe Seite 84) oder eine beliebige Balsamico-Vinaigrette

Zunächst 1 Teelöffel Kokosöl in einer Kasserolle über mittlerer Hitze schmelzen lassen. Spinatblätter zugeben und kurz andünsten, bis der Spinat zusammenfällt.

Das restliche Kokosöl in eine Kasserolle geben, flüssig werden lassen, die Pinienkerne hineingeben und umrühren, damit das Öl die Kerne gleichmäßig bedeckt. Leicht anrösten, bis sie hellbraun sind. Achtung: Sie werden schnell zu dunkel!

Den Spinat auf einen Servierteller geben, Kirschtomaten und Pinienkerne dekorativ darauf verteilen. Mit dem Dressing beträufeln und sofort servieren.

Ergibt 1 Portion

Grünkohl-Chips

Grünkohl-Chips sind leicht zuzubereiten und stillen das Bedürfnis nach etwas Knusprigem. Sie sind voller Geschmack und enthalten nur wenige Kalorien. Mit Kokosöl zubereitet sind sie noch gesünder!

1 Bund Grünkohl, von den Rippen befreit und fein gehackt
2 EL Kokosöl in Rohkostqualität
½ TL Meersalz

Den Backofen auf 190 °C (Gas Stufe 5) vorheizen.

Den Grünkohl von den harten Rippen befreien. Sie können das Blatt einfach abreißen. Die Blätter in mundgerechte Portionen zerteilen. In einer Salatschleuder trocken schleudern. Die Blätter müssen vor dem Backen ganz trocken sein.

Auf das Backblech legen, mit dem geschmolzenen Kokosöl beträufeln. Salzen und gut mischen, damit Öl und Salz sich gut auf den Blättern verteilen. Dann die Blätter gleichmäßig in einer Schicht auf dem Backblech anordnen.

Anschließend 8 bis 10 Minuten backen, bis die Chips dunkel und krisp geworden sind. Vorsicht: Grünkohl verbrennt leicht. Warm servieren.

Ergibt 2 Portionen

Kürbis-Bohnen-Burritos

Schwarze Bohnen versorgen uns mit Proteinen und Kohlehydraten, der Kürbis hat einen hohen Karotingehalt. Dieser sekundäre Pflanzenstoff schützt vor Krebs, Herzerkrankungen und Typ-2-Diabetes. Gesund und lecker!

1 mittelgroßer Butternut-Kürbis, geschält und gewürfelt

4 TL Kokosöl in Rohkostqualität

1 TL Meersalz, nach Belieben mehr

frisch gemahlener schwarzer Pfeffer

190 g Vollkornreis

240 ml Wasser

160 g gelbe Zwiebeln, gehackt

2 Knoblauchzehen, fein gehackt

2 TL gemahlener Kümmel

¼ TL Cayennepfeffer

1 rote Paprikaschote, gehackt

350 g gekochte schwarze Bohnen, abgegossen

4 Tortilla-Wraps aus Vollreismehl

Zum Garnieren: Avocadowürfel, Salsasauce, Salatstreifen, frisches Koriandergrün

Den Ofen auf 220 °C (Gas Stufe 7) vorheizen. Den Kürbis auf ein Backblech legen und mit 2 Teelöffeln Kokosöl beträufeln. Mit 1 Prise Salz und schwarzem Pfeffer bestreuen. Kürbiswürfel mit der Hand mischen, damit sich Öl und Gewürze gleichmäßig verteilen. Anschließend 45 Minuten backen, bis sie weich sind.

Reis mit 240 Millilitern Wasser in eine Kasserolle geben, aufkochen lassen. Hitze reduzieren, umrühren und etwa 30 Minuten lang köcheln lassen, bis er weich ist. Während der letzten 10 Minuten Wasser zugeben, wenn der Reis am Topfboden haftet. Mit einer Gabel auflockern.

Das restliche Kokosöl in einem großen Topf auf mittlerer Flamme erhitzen. Zwiebel und Knoblauch dazugeben und 5 Minuten unter ständigem Rühren anbraten. Mit 1 Teelöffel Salz, Kümmel und Cayennepfeffer nach Belieben würzen. Hitze reduzieren, Paprika, schwarze Bohnen und Reis dazugeben und 8 bis 10 Minuten weitergaren.

Etwa 300 Gramm Kürbiswürfel unterrühren. Die Gemüse-Reis-Mischung
auf die Tortillas verteilen.

Wraps zusammenrollen, garnieren und
sofort servieren.

Ergibt 2 Portionen

Schlankes Waldorf-Salat-Sandwich

Das ist kein gewöhnlicher Waldorfsalat: Er enthält viel mehr Nährstoffe, ist
aber durch und durch leicht. Mit Vollkornbrot eine vollwertige Mahlzeit!

2 EL Kokosöl in Rohkostqualität

**1 mittelgroße Hähnchenbrust
  (von Hühnern aus artgerechter
  Bio-Haltung)**

½ Stange Staudensellerie

75 g rote Weintrauben, kernlos

**1 Avocado, geschält, entkernt und
  gewürfelt**

2 EL Mandelstifte

**4 Wasa -Crispbread oder Voll-
  wert-Knäckebrot**

Kokosöl in einer kleinen Kasserolle bei
mittlerer Hitze schmelzen lassen. Die
Hähnchenbrust in Würfel schneiden

und darin etwa 5 Minuten lang anbraten. Abkühlen lassen.

Den Sellerie in kleine Stücke schneiden.
Die Weintrauben halbieren. Beides in
einer Schüssel vermengen.

Avocado würfeln und zugeben.
Hähnchenbrustwürfel und Mandelstifte
unterziehen. Gut vermischen, sodass
die weiche Avocado sich schön verteilt.

Den Waldorfsalat mit einem Löffel auf
das Knäckebrot geben, ein weiteres
Knäckebrot daraufsetzen. Servieren.

Ergibt 2 Portionen

Grüner Kokos-Limette-Kabeljau

Kabeljau ist ein leichter Fisch mit feinem Fleisch. Auf einem Bett aus Rucola oder anderen Salaten (Romana- oder Feldsalat) sieht er nicht nur gut aus, sondern bringt auch ein kalorienarmes Geschmackserlebnis für schöne Sommerabende!

abgeriebene Schale von 3 Bio-
   Limetten

4 Knoblauchzehen, fein gehackt

¼ TL Meersalz

¼ TL frisch gemahlener schwarzer
   Pfeffer

2 EL Kokosöl in Rohkostqualität

4 Kabeljaufilets (oder Zanderfilets)

160 g frischer Rucola oder andere
   Salate

60 ml Limettensaft, frisch gepresst

2 EL Kokos-Balsamico-Dressing
   (siehe Seite 84)

4 Limettenscheiben

In einem tiefen Teller Limettenschale, Knoblauch, Salz, Pfeffer und 1 Esslöffel (15 Milliliter) geschmolzenes Kokosöl verrühren.

Die Kabeljaufilets hineinlegen und wenden, sodass sie gleichmäßig von der Flüssigkeit bedeckt sind.

Je zwei Filets in einer Pfanne bei mittlerer Hitze auf jeder Seite je nach Dicke etwa 3 bis 4 Minuten goldbraun und knusprig braten. Vorsichtig wenden, damit der Fisch nicht zerfällt.

Währenddessen den Rucola in eine Schüssel geben. Mit dem Rest des geschmolzenen Kokosöls und mit Limettensaft gut vermengen.

Den Rucola auf Tellern anrichten, mit dem Dressing übergießen. Je ein Kabeljaufilet auf dem Rucolabett anrichten. Eine Limettenscheibe darauflegen und genießen!

Ergibt 4 Portionen

Sahniges Kokos-Caesar-Salat-Dressing

Sahnige Dressings sind beim Abnehmen tabu? Von wegen! Dieses Dressing ähnelt in der Beschaffenheit einem Dressing für Caesar-Salat, steckt aber voller Ballaststoffe und Proteine. Schmeckt auch toll über Vollkornreis, Buchweizennudeln oder Reis und Bohnen.

90 g gekochte weiße Bohnen
60 ml Kokosmilch
1 EL Kokosöl in Rohkostqualität
1 EL Zitronensaft, frisch gepresst
1 EL Apfelessig
2 TL Chiasamen
¼ TL Meersalz oder Zwiebel- bzw. Knoblauchsalz
¼ TL getrockneter Dill
⅛ TL Zwiebelpulver
⅛ TL Knoblauchpulver

Alle Zutaten in einem guten Mixer zu einer feinen Creme pürieren. In einem Glasbehälter (z. B. Einweckglas) im Kühlschrank aufbewahren. Gekühlt auf den Tisch bringen.

Ergibt 240 Milliliter

Kokos-Balsamico-Dressing

Dieses einfache Salatdressing ist natürlich frei von künstlichen Zutaten! Und trotzdem würzig im Geschmack. Schmeckt zu grünen Salaten ebenso wie als Marinade für Huhn bzw. Fisch und verleiht gekochtem Reis oder Quinoa einen Hauch Exotik.

165 g Kokosöl in Rohkostqualität, geschmolzen
175 ml Balsamico-Essig
1 Knoblauchzehe, zerdrückt
2 TL Dijonsenf
½ TL getrockneter Oregano
Salz und Pfeffer (nach Belieben)

Alle Zutaten in ein fest verschließbares Glas geben und schütteln. Im Kühlschrank aufbewahren und gekühlt auf den Tisch bringen.

Ergibt 480 Milliliter

Kokos-Popcorn

Popcorn ist ein kalorienarmer Snack. Mit Kokos schmeckt's noch besser!

2 EL Kokosöl in Rohkostqualität
100 g Popcorn-Mais
½ TL Meersalz

Kokosöl in mittelgroßem Topf schmelzen. Popcorn dazugeben. Umrühren, sodass das Öl die Körner gleichmäßig bedeckt. Deckel daraufsetzen. Den Herd auf mittlere Hitze stellen. Wenn die ersten Körner platzen, den Topf auf der Flamme hin- und herschieben, damit das Popcorn nicht am Topfboden festhängt und verbrennt. Wenn das klackernde Geräusch aufhört, Topf vom Herd nehmen. Popcorn in eine Schüssel geben, salzen und servieren.

Ergibt 250 Gramm

Geröstete Kokos-Curry-Nüsse

Ein wunderbarer Snack für unterwegs, aber auch ein schönes Geschenk für Freunde. Von Partys gar nicht zu reden. Die aromatische Leckerei scheint kalorienreich zu sein, doch die darin enthaltenen Nährstoffe sättigen lange!

1 EL Kokosöl in Rohkostqualität

145 g Nüsse wie Mandeln, Cashew- kerne und Pekannüsse in Rohkost- qualität

2 EL Ahornsirup

1 EL Kokosblütenzucker in Rohkost- qualität

¼ TL gemahlener Ingwer

¼ TL Currypulver

Ofen auf 150 °C (Gas Stufe 2) vorheizen. Ein Backblech (23 x 33 Zentimeter) mit dem geschmolzenen Kokosöl bestreichen.

Die Nüsse in eine Schüssel geben, mit Ahornsirup beträufeln. Gut umrühren, damit alle Nüsse bedeckt sind.

Kokosblütenzucker, Ingwer und Curry- pulver vermischen und über die Nüsse streuen. Gründlich umrühren.

Die Nüsse gleichmäßig auf dem Backblech verteilen, 10 bis 15 Minuten lang backen, bis der Zucker braun ist. Vor dem Servieren abkühlen lassen.

Ergibt 145 Gramm

KAPITEL 4

Kokosnuss fürs Immunsystem

Wenn es um die Steigerung Ihrer Abwehrkräfte geht, ist Kokosöl eine echte Geheimwaffe. Viele wissenschaftliche Studien belegen, dass eine an pflanzlichen Superfoods reiche Ernährung Bakterien, Parasiten und sogar Viren den Garaus machen kann. Grippe, Herpes, Masern und Hepatitis C haben schlechte Chancen!

In diesem Kapitel werde ich Ihnen zeigen, wie die antibakteriellen und antimikrobiellen Eigenschaften der Kokosnuss das Immunsystem stärken können. Wir werden uns mit wissenschaftlichen Untersuchungen beschäftigen, die nachweisen, dass die Kokosnuss eine machtvolle Waffe gegen schädliche Einflüsse in Ihrem Körper sein kann. Mit zahlreichen Tipps, wie Sie mehr Kokosnuss in Ihre Ernährung aufnehmen können, und vielen leckeren Rezepten wird bald klar, wieso die Kokosnuss ein ausgesprochen schmackhafter und preisgünstiger Weg zu mehr Gesundheit ist!

Anti-Grippe-Frischedrink, Seite 108

Kokosnuss gegen Krankheitserreger

Im Folgenden sind einige Eigenschaften der Kokosnuss aufgelistet, die dem menschlichen Körper helfen, gesund zu bleiben. Diese Zusammenfassung verschiedener Studien wurde vom *Coconut Research Center* durchgeführt.

Wie Kokosnuss das Immunsystem unterstützt

- Kokosnuss tötet Erreger ab, die verantwortlich sind für: Magengeschwüre, Hals-, Zahnfleisch- und Nebenhöhlenentzündungen, Entzündungen des Harntrakts,Lungenentzündung und Gonorrhoe.
- Kokosnuss wirkt gegen Viren, die folgende Krankheiten auslösen: Grippe, Herpes, Masern, Hepatitis C, SARS, AIDS und andere Erkrankungen.
- Kokosnuss tötet Pilze ab, vor allem Hefepilze, und wirkt gegen Candida-Infektionen, Ringelflechte, Fußpilz, Soor und Windelausschlag.
- Kokosnuss treibt Bandwürmer, Läuse, Giardien und andere Parasiten aus.
- Kokosnuss reduziert die Symptome des Malabsorptionssyndroms und der Mukoviszidose.
- Kokosnuss lindert Entzündungen und stärkt das Immunsystem.
- Kokosnuss schützt den Körper vor freien Radikalen und damit vor frühzeitigem Altern und den damit verbundenen degenerativen Erkrankungen.
- Kokosnuss nimmt dem Körper keine Antioxidantien weg wie andere Fette.
- Kokosnuss verbessert die Aufnahme von essentiellen Fettsäuren und schützt diese vor der Oxidierung.
- Kokosnuss lindert die Symptome von Schuppenflechte, Ekzemen und Dermatitis.

Laurinsäure: Superkraft gegen Infektionen

Kokosöl ist ein zu 92 Prozent gesättigtes Fett. Mehr als zwei Drittel seiner Fettsäuren sind mittelkettige Trigylzeride (MKT). Die Laurinsäure ist rein mengenmäßig der Hauptbestandteil des Kokosöls. Sie ist es, die das Immunsystem schützt. Im Körper wird Laurinsäure in Monolaurin umgewandelt, ein Monoglyzerid, das Viren (wie die Erreger von HIV, Herpes, Zytomegalie und Grippe) ebenso abtötet wie Bakterien (u. a. Helicobacter pylori, der für Magengeschwüre verantwortlich ist).

Laurinsäure ist in der Pflanzenwelt einzigartig. Eine der wenigen Quellen ist z. B. die Muttermilch, die extrem nahrhaft ist und das Baby während der Zeit gesund hält, in der sein Organismus zum ersten Mal den Erregern in der Außenwelt ausgesetzt ist. Und wenn wir diese Superkraft nun auch für uns nutzen könnten? Kein Problem! In der Kokosnuss ist sie in hoher Konzentration enthalten. Mittlerweile wird sie sogar im Krankenhaus zur Behandlung von AIDS und Candida-Infektionen eingesetzt.

Das *National Cancer Institute* der USA führte eine Kresbstudie in 50 Ländern durch, darunter auch Thailand, wo der Verzehr von Kokosnüssen traditionell hoch ist. Thailand hatte die niedrigste Krebsrate unter allen Ländern, die an der Studie teilnahmen!

In seinem Buch *Kokosöl: Das Geheimnis gesunder Zellen* stellt Dr. Bruce Fife fest: „Labortests zeigen, dass die mittelkettigen Fettsäuren des Kokosöls Viren abtöten, die Grippe, Masern, Herpes, Hepatitis C und AIDS verursachen. Desgleichen werden Bakterien zerstört, die für Magengeschwüre, Hals-, Mandel- und Nebenhöhlenentzündungen, Lungenentzündungen, Harnwegsinfekte und lebensgefährliche Schockzustände verantwortlich sind. Auch Pilze, die Candida-Infektionen, Ringelflechte und Soor auslösen, und Parasiten wie Giardien werden effektiv vernichtet."

Kokosnuss ist also nicht nur lecker, sondern auch stark fürs Immunsystem. Am besten entfalten sich diese Qualitäten bei naturbelassenen Kokosprodukten, doch dazu mehr in Kapitel 7 ab Seite 178.

Kokoswasser hält gesund

Wasser ist lebenswichtig. Es hält unseren Stoffwechsel am Laufen, schwemmt Giftstoffe aus und sorgt für genügend Flüssigkeit im Körper. Wenn wir zu wenig getrunken haben, kann der Körper Schadstoffe nicht mehr ausscheiden. Diese Dehydrierung reduziert unsere Energie, Tatkraft und Konzentrationsfähigkeit. Wir sind durstig. Wenn wir nicht darauf achten, genug zu trinken, wird der Körper anfällig für alle möglichen Krankheiten und Alterserscheinungen.

Sicherlich haben Sie schon gehört, dass kranke Menschen viel Flüssigkeit brauchen. Das liegt einfach daran, dass der Körper mit hoher Flüssigkeitszufuhr die Erreger besser ausleiten kann. Wie viel Flüssigkeit ist täglich nötig? Im Allgemeinen geht man davon aus, dass jeder Mensch pro Kilogramm Körpergewicht 30 Milliliter Flüssigkeit zu sich nehmen sollte. Wiegt Frau Schmidt 75 Kilogramm, sollte sie 2,25 Liter täglich aufnehmen. Diese Menge steigt noch, wenn Sie viel Kaffee trinken, viel Sport treiben oder in einer heißen Region leben. Wenn Sie eine auf Sie ganz persönlich zugeschnittene Empfehlung wollen, sprechen Sie mit Ihrem Arzt oder suchen Sie einen Ernährungsberater auf.

Wenn Sie den Flüssigkeitshaushalt Ihres Körpers verbessern und mit jedem Schluck Ihre Abwehrkräfte steigern wollen, dann sollten Sie zu Kokoswasser greifen. Denn dieses steckt voller wertvoller Vitalstoffe und sorgt dafür, dass Ihre Zellen ausreichend mit kostbarem Nass versorgt sind.

Kokoswasser ist die Flüssigkeit, die in der jungen Kokosnuss steckt – daher auch der Ausdruck „Trink-Kokosnuss". Es steckt voller Vitamine, Kalzium und Kalium. Das *Journal of Clinical Hypertension* geht davon aus, dass Menschen mit niedrigem Kaliumspiegel einen höheren Blutdruck haben als andere. Chronisch erhöhter Blutdruck belastet unsere Gefäße. In Ländern, in denen viel Kokoswasser getrunken wird, treten deutlich weniger Herz-Kreislauf-Erkrankungen auf. In diesem Kapitel finden Sie daher viele Rezepte, mit denen Sie das köstliche Kokoswasser in Ihre tägliche Ernährung einbauen können.

Kokoswasser enthält weniger Zucker und Natrium als die meisten Elektrolytgetränke. Das US-Landwirtschaftsministerium schätzt, dass der Durchschnittsamerikaner 25 Prozent seiner täglichen Kalorienaufnahme in Form von zuckerhaltigen Getränken zu sich nimmt. Das *American Journal of Clinical Nutrition* geht davon aus, dass der darin enthaltene Maissirup das Immunsystem schwächt. Also Finger weg von dem Zuckerwasser. Stillen Sie Ihren Durst lieber mit Kokoswasser, das so ganz nebenbei auch noch Ihren Körper entgiftet.

Kokosnuss hilft bei Erkältung und Grippe

Sind Sie ein bisschen angeschlagen? Grippe und Erkältung gehen auf unterschiedliche Viren zurück. Beide verursachen jedoch Müdigkeit, Kopf- und Halsschmerzen, Husten, Gliederschmerzen und Fieber. Bei einer echten Grippe kann das Fieber sehr hoch sein. Und es gibt wohl niemanden, der noch nie eine Erkältung hatte.

Wussten Sie, dass das alternativmedizinische Zentrum *National Center for Complementary and Alternative Medicine* davon ausgeht, dass es mehr als 200 verschiedene Erkältungsviren gibt? Auch das Grippevirus verändert sich ständig. Kein Wunder also, dass beiden Krankheiten so schwer beizukommen ist. Da hilft nur eines: Vorbeugen! Und zwar am besten mit Nahrungsmitteln, die unser Immunsystem stärken. Dazu gehört alles, was reich an Antioxidantien ist: Vitamin C z. B. steckt in Kokosnuss, Brokkoli, roter Paprika und Süßkartoffeln. Auch Gewürze unterstützen das Immunsystem: Ingwer, Zimt und Kurkuma. Echinacea vermehrt die weißen Blutkörperchen, die den Erregern den Garaus machen.

Da die Kokosnuss sehr vielseitig ist, steht dem täglichen Verzehr nichts im Wege. Kokosnuss enthält ebenfalls die Antioxidantien Vitamin C und E. Dazu kommt noch der hohe Gehalt an Laurinsäure. Wenn Sie sich also vor Erkältungen schützen wollen, nehmen Sie täglich naturbelassenes Kokosmus zu sich. Sie können zwischen 3 und 4 Teelöffel davon verzehren. So geben Sie Ihrem Körper genug Laurinsäure, damit er die Krankheitserreger wirksam abwehren kann. Nehmen Sie täglich Kokosprodukte zu sich, sind Sie gegen Giftstoffe, Viren und Bakterien besser gewappnet. Sind Sie bereits erkrankt, so trägt der tägliche Verzehr zu einer schnelleren Besserung bei. Trinken Sie Kokoswasser und Kokosmilch. Streichen Sie Kokosmus auf Ihren Toast. Kokosöl, das Sie auf die Haut auftragen, schenkt Ihnen nicht nur mehr Feuchtigkeit, sondern auch wertvolle Inhaltsstoffe!

Kokosnuss zur AIDS-Prävention und Behandlung

Der Weltgesundheitsorganisation (WHO) und dem Gemeinsamen AIDS-Programm der Vereinten Nationen (UNAIDS) zufolge waren 2010 circa 34 Millionen Menschen mit HIV infiziert. Das Humane Immun-Defizienz Virus verursacht AIDS. Es schwächt das Immunsystem und öffnet damit allen möglichen Erregern Tür und Tor. Tatsächlich sind es meist die Sekundärinfektionen, die dem geschwächten Körper der HIV-Infizierten zu schaffen machen. Viele AIDS-Patienten müssen regelmäßig einen Medikamente-Cocktail aus Antibiotika, antiviral und antifungal wirkenden Arzneien zu sich nehmen. All diese Medikamente können in der Kombination erhebliche Nebenwirkungen haben.

Zu den häufigsten Problemen der AIDS-Patienten gehören chronischer Durchfall, Malabsorption von Fetten, Mangelernährung und Gewichtsverlust. Dr. Conrad Dayrit, einer der Gründer der *Philippine Heart Association* und Präsident der Vereinigung der Asiatischen Akademiker und Wissenschaftler sowie Präsident der Philippinischen Akademie der Wissenschaft und Technologie, war der Erste, der eine klinische Untersuchung zur Wirkung von Kokosprodukten auf HIV-Infizierte durchgeführt hat. In seiner Studie erhielten AIDS-Patienten täglich 3 Esslöffel (45 Milliliter) Kokosöl oder Monolaurin (ein Nahrungsergänzungsmittel aus der Laurinsäure der Kokosnuss). Andere antibiotisch oder antiviral wirkende Substanzen wurden nicht verabreicht. Nur 6 Monate später zeigte sich bei 60 Prozent der Probanden eine deutliche Verbesserung des Allgemeinzustands sowie ein höherer CD4-Wert (der die Aktivität der weißen Blutkörperchen angibt) und eine deutlich verringerte Viruslast (die die Intensität der HIV-Infektion anzeigt).

Natürlich bremsen die Medikamente die Entwicklung von AIDS ab, aber sie belasten auch den Körper. Doch selbst wenn Medikamente eingenommen werden, kann die Kokosnuss als Nahrungsergänzungsmittel dienen, das das Immunsystem stärkt.

Einer der Gründe, weshalb Kokosöl bei vielen HIV-Infizierten so gut wirkt, ist, dass die mittelkettigen Fettsäuren der Kokosnuss Viren abtöten, die bei AIDS zu Folgeschäden führen wie Herpes, Hepatitis C und Masern. Außerdem ist Kokosnuss reich an Antioxidantien wie Vitamin C und E, was dem Körper noch mehr Schutz gibt.

Kokosnuss im Kampf gegen Krebs

Krebs ist nach den Herz-Kreislauf-Erkrankungen die zweithäufigste Todesursache auf der Welt. Es gibt zahlreiche Krebsarten. Schätzungen gehen davon aus, dass ein Drittel der heute lebenden Menschen im Leben eine Tumorerkrankung entwickelt. Unser Immunsystem wehrt Tag für Tag Krankheitserreger ab und macht giftige Substanzen unschädlich. Wenn der Ansturm die Kapazitäten unseres Immunsystems übersteigt, kommt es zu Fehlentwicklungen der Körperzellen, die schneller wachsen als die weißen Blutkörperchen sie zerstören können.

Laurinsäure, die in der Kokosnuss reich enthalten ist, hat starke antimikrobielle und antibakterielle Kräfte. Sie unterstützt das Immunsystem bei seiner Arbeit. Cytokinin, ein weiterer Vitalstoff der Kokosnuss, wirkt der Zellwucherung entgegen und verlangsamt dazu noch den Alterungsprozess. Dazu gehören die Kinetin-Riboside in der Kokosmilch. Dem *Journal of Clinical Investigations* zufolge hemmen die Kinetin-Riboside das Wachstum beim Multiplen Myelom (Hautkrebs) und anderen Krebsformen der Prostata, des Dickdarms, des Parathyroidea-Adenoms und einiger

Lymphom-Arten. Außerdem tötet Kokosöl Bakterien, Giftstoffe und andere Krankheitserreger ab, die das Immunsystem belasten und den Körper schwächen, was dem Krebswachstum förderlich ist. Kokosnuss trägt dazu bei, Ihren Körper gesund zu erhalten. Dann hat der Krebs schon einmal weniger Chancen.

Eine vom *National Cancer Institute* geförderte und an der *Loma-Linda-Universität* durchgeführte wissenschaftliche Untersuchung belegt, dass bei Menschen, die sich vegan ernähren, weniger Krebserkrankungen auftreten als bei Fleischessern und Vegetariern. Das liegt nicht zuletzt an der hohen Rate von Antioxidantien, die Veganer aufgrund ihrer rein pflanzlichen Ernährung zu sich nehmen. Noch interessanter sind die Resultate von Dr. Dean Ornish und Nobelpreis-Gewinnerin Dr. Elizabeth Blackburn. Sie fanden heraus, dass „eine vegane Ernährung in wenigen Monaten mehr als 500 Gene im Körper beeinflusst. Gene, die Krankheiten vorbeugen, werden aktiviert, andere, die Brustkrebs, Herzerkrankungen, Prostatakrebs und andere Krankheiten auslösen, werden deaktiviert." Und die Kokosnuss passt hervorragend zum veganen Lebensstil, weil sie tierische Fette bestens ersetzt.

Kokosnuss und Caprylsäure gegen Pilzerkrankungen und Schuppen

Candida-Infektionen gehen von einem einzelligen Pilz aus. Dies ist der am häufigsten vorkommende Pilz bei ansonsten gesunden Menschen. Wenn das Immunsystem gestört ist, ist das für den Candida-Pilz ein gefundenes Fressen. Wenn Sie je eine Pilzinfektion hatten, wenn Ihre Kopfhaut schuppt und juckt, wenn Ihr Baby Windelausschlag bekommt, dann wissen Sie, was dieser Pilz bewirkt. Er kann sich regional begrenzt ausbreiten wie bei einer Pilzinfektion der Vagina oder über den ganzen Körper. Gewöhnlich ist der Candida-Pilz harmlos, vor allem, wenn er nur oberflächlich wuchert. Sobald er aber in den Blutkreislauf eindringt, kann er eine höchst schädlich, ja sogar tödliche Wirkung entfalten. Wie kann hier die Kokosnuss helfen und Hefepilze und Windelausschlag lindern?

Die Caprylsäure ist ein weiteres Triglyzerid, das in der Kokosnuss enthalten ist. Sie wirkt gegen Bakterien und Pilze und sorgt dafür, dass sich der Candida-Pilz nicht einfach auf den ganzen Körper ausbreiten kann. John P. Trowbridge, Arzt und Autor von *The Yeast Syndrome* ist Präsident des *American College for the Advancement of Medicine*. Seiner Ansicht nach ist die Caprylsäure einer der wichtigsten vorbeugenden Stoffe gegen Candida-Infektionen und wird auch häufig als Nahrungsergänzungsmittel dagegen eingesetzt. Aber Sie müssen die Caprylsäure nicht isoliert zu sich nehmen. Essen Sie doch einfach mehr Kokosnuss: Ihre Geschmacksnerven und Ihre weißen Blutkörperchen werden es Ihnen danken!

Wie Kokosnuss für ein gesundes Immunsystem sorgt

Hier fasse ich noch einmal zusammen, auf welche Weise die Kokosnuss zu einem gesunden Immunsystem beitragen kann.

- Kokoswasser ist ein Vitamindrink. Es enthält weniger Zucker und Natrium als die meisten Elektrolytgetränke für Sportler.
- Kokosöl ist ein wichtiges Nahrungsergänzungsmittel für AIDS-Kranke, weil ihre mittelkettigen Fettsäuren Folgeinfektionen von HIV reduzieren helfen.
- Laurinsäure, die in der Kokosnuss reichlich enthalten ist, wirkt stark antibakteriell und antimikrobiell, weshalb sie das Immunsystem unterstützt.
- Kokosmilch enthält Kinetin-Riboside, die das Wachstum beim Multiplen Myelom (Hautkrebs) bremst und viele andere Krebsarten positiv beeinflusst.
- Caprylsäure, die gehäuft in der Kokosnuss vorkommt, verhindert Candida-Pilzinfektionen, die den Körper stark belasten.

Wie Sie Kokosnuss für Ihr Immunsystem nutzen

Ernähren Sie sich weitgehend pflanzlich. Essen Sie hauptsächlich Gemüse, Obst, Nüsse, Hülsenfrüchte und Vollkornprodukte. Diese Lebensmittel enthalten mehr Antioxidantien als tierische Produkte wie Fleisch, Geflügel, Milch und Käse.

- Streichen Sie Kokosmus statt Butter oder Margarine aufs Brot.
- Nehmen Sie Kokosmilch statt Kuhmilch oder -sahne in Kaffee und Tee.
- Verwenden Sie Kokosmilch als Feuchtigkeitscreme für Ihre Haut, um deren Abwehrkraft zu steigern.
- Geben Sie Kokoswasser oder Kokosmilch in Ihren Smoothie.
- Verwenden Sie Kokoswasser statt kommerzieller Sportdrinks mit ihren künstlichen Inhaltsstoffen wie Farbstoff, Zucker und anderen Zusätzen, die Ihrem Immunsystem schaden.
- Geben Sie ungesüßte Kokoschips oder -raspel über Ihre Salate, um dem frischen Grün noch eine Extraportion Antioxidantien zu verleihen.

Gesund leben mit Kokos

Immun-Smoothie

Dieser Smoothie ist nicht nur erfrischend, er enthält auch noch eines der stärksten natürlichen Antibiotika: Limette. Die grüne Frucht hilft dem Körper bei der Bekämpfung von Infektionen. Himbeeren und Bananen bringen noch mehr Vitamin C und E. Kokoswasser schenkt dem Körper natürliche Elektrolyte.

125 g frische oder 250 g tiefgefrorene Himbeeren)
1 mittelgroße Banane
½ geschälte Bio-Limette
240 ml Kokoswasser
4 Eiswürfel

Alle Zutaten in einem guten Mixer glatt pürieren. Sofort servieren.

Ergibt 1 Portion

Grapefruit mit Kokosblütenzucker

Grapefruits sind wunderbar als Zwischendurch-Mahlzeit oder zum Frühstück. Sie enthalten viel Vitamin C. Der Kokosblütenzucker schenkt Süße und Mineralstoffe wie Eisen, Kalzium, Kalium und Zink.

1 große Grapefruit
1 TL Kokosblütenzucker in Rohkostqualität

Die Grapefruit in der Mitte durchschneiden. Die Schnittflächen mit Kokosblütenzucker bestreuen. Sofort servieren.

Ergibt 1 Portion

Magentrost

Wenn man sich nicht wohlfühlt, verliert man häufig den Appetit. Dieser Smoothie enthält Ingwer, der den Magen stärkt und die Verdauung ankurbelt. Auch die leicht verdauliche Banane schätzt ein gereizter Magen sehr. Kokosmilch und Heidelbeeren schenken Vitamin C, Aroma und Süße. Ein voller Genuss für die angeschlagene Seele!

150 g frische oder 160 g tiefgefrorene Heidelbeeren

1 mittelgroße Banane

240 ml Kokosmilch light, ungesüßt

1 TL frische Ingwerwurzel, gerieben

3–4 Eiswürfel

Alle Zutaten in einen Mixer geben und glatt pürieren. Sofort servieren.

Ergibt 1 Portion

Karotten-Kokos-Cashew-Smoothie

Dieser cremige Smoothie gibt ein gutes Dessert ab! Karottensaft enthält A- und B-Vitamine, dazu noch Mineralstoffe wie Kalzium, Kupfer, Magnesium, Kalium und Eisen. Wie wir wissen, sind Vitamine und Mineralstoffe die Basis für ein gesundes Immunsystem.

35 g Cashewkerne in Rohkostqualität
120 ml Wasser
240 ml Karottensaft, frisch gepresst
120 ml Kokosmilch light, ungesüßt
1 EL Ahornsirup
1 TL gemahlener Zimt
Mark von ¼ Vanilleschote
3 bis 4 Eiswürfel

Die Cashewkerne mit ½ Tasse Wasser in einen luftdicht verschlossenen Behälter geben und mindestens 5 Stunden, besser noch über Nacht, stehen lassen.

Die eingeweichten Cashewkerne mit den anderen Zutaten in einen guten Mixer geben und glatt pürieren. Sofort servieren.

Ergibt 1 Portion

Perlendes Kokos-Limetten-Elixier

Wenn Sie krank sind, brauchen Sie viel Flüssigkeit, damit der Körper die Krankheitserreger ausleiten kann! Dieses perlend-cremige Elixier liefert daneben noch Vitamine und Mineralstoffe. Limette und Honig verfeinern den Geschmack.

**240 ml Mineralwasser mit Kohlen-
  säure**

**60 ml Kokoscreme (siehe Seite 176)
  oder Kokosmilch**

Saft von ½ Limette

**1 EL kalt geschleuderter Honig
  (aus der Region)**

3–4 Eiswürfel

Alle Zutaten in einen guten Mixer geben und glatt pürieren. Sofort servieren.

Ergibt 1 Portion

Süßkartoffelpüree mit Kurkuma und Ingwer

Wenn man sich nicht wohlfühlt, ist eine leckere Mahlzeit ein wunderbarer Tröster. Dieses köstliche Gericht bringt Sie bald wieder auf die Beine! Süßkartoffeln sind reich an Vitamin A und C. Kurkuma gilt als „Supergewürz". Wissenschaftliche Studien belegen, dass es Schmerzen lindert. Außerdem enthält es Antioxidantien, B-Vitamine sowie Eisen und Mangan.

2 EL Kokosöl in Rohkostqualität

2 mittelgroße Süßkartoffeln, geschält und gewürfelt

1 kleine Zwiebel, klein geschnitten

½ TL Kurkumapulver

½ TL frische Ingwerwurzel, gerieben

Meersalz und frisch gemahlener schwarzer Pfeffer (nach Belieben)

Backofen auf 220 °C (Gas Stufe 7). Ein Backblech mit 1 Esslöffel Kokosöl einstreichen.

Die Süßkartoffelwürfel gleichmäßig in einer Lage auf dem Backblech verteilen und 20 bis 25 Minuten backen, bis sie weich sind.

In der Zwischenzeit das verbleibende Kokosöl in einer mittelgroßen Kasserolle bei schwacher Hitze erwärmen. Die Zwiebel dazugeben und goldbraun braten.

Die Süßkartoffelwürfel in einen hitzebeständigen Mixer geben. Zwiebel, Kurkuma und Ingwer zugeben. Mit Salz und Pfeffer abschmecken und glatt pürieren. Heiß servieren.

Ergibt 2 Portionen

Tropischer Fruchtsalat

Dieser Salat ist leicht zuzubereiten und steckt voller Enzyme. Papaya, Avocado und Mango enthalten nämlich nicht nur Vitamin C, sondern auch Verdauungshilfen. Die Limette wartet mit antibiotischen Eigenschaften auf. Ob Frühstück, Mittag- oder Abendessen – mit diesem Salat liegen Sie immer richtig!

1 Papaya, geschält, von den Kernen befreit und klein geschnitten

1 Mango, geschält, entsteint und klein geschnitten

1 große Avocado, geschält, entkernt und klein geschnitten

Saft von ½ Limette

20 g Kokoschips, ungesüßt, in Bio-Qualität

Papaya-, Mango- und Avocadostücke in einer mittelgroßen Schüssel vermengen. Den Limettensaft darübergießen und vorsichtig unterheben.

Die Kokoschips darüberstreuen und sofort servieren.

Ergibt 3 Portionen

Anti-Grippe-Frischedrink (siehe Foto Seite 87)

Auch selbst gemachte Säfte liefern viele rohköstliche Nährstoffe. Wenn Sie diesen Frischedrink regelmäßig zu sich nehmen, hat die Erkältung weniger Chancen! Petersilie wirkt entgiftend, der Staudensellerie reinigt das Blut und schenkt Ballaststoffe. Äpfel enthalten Pektine, einen Faserstoff, der Schadstoffe bindet und aus dem Körper transportiert. Karotten werden gern zu Saft verarbeitet, weil sie viel A und B-Vitamine enthalten sowie Kalzium, Kupfer, Magnesium, Kalium und Eisen. Limette wiederum ist ein natürliches Antibiotikum, das freie Radikale unschädlich macht.

6 Karotten, klein geschnitten

3 Stängel Staudensellerie

1 großer Apfel, geviertelt und entkernt

1 Handvoll glatte Petersilie

Saft von ½ Limette

2 TL Kokosöl in Rohkostqualität, flüssig

Eiswürfel nach Belieben

Karotten, Staudensellerie, Apfel, Petersilie, Limettensaft und Kokosöl in einen schonend arbeitenden Entsafter geben und zu Saft verarbeiten. Sofort servieren.

Vorsicht: Erhöhen Sie den Petersilienanteil nicht, denn im Übermaß genossen kann dieses Kraut der Gesundheit schaden.

Ergibt 2 Portionen

Reinigender Kokos-Grünkohl-Drink

Alle Zutaten in diesem Rezept unterstützen die Entgiftung des Körpers. Grünkohl enthält Ballaststoffe, Vitamin C und Kalzium. Die Zitrone unterstützt den Körper bei der Ausleitung von Schadstoffen. Kokoswasser liefert dem Körper Elektrolyte.

1 kleiner Bund Grünkohl, von den Rippen befreit und klein gehackt

3 Stängel Staudensellerie

160 g frische Ananas, gewürfelt

½ Zitrone, geschält (die weiße Haut nicht ganz entfernen)

¼ Salatgurke

60 ml Kokoswasser

Grünkohl, Sellerie, Ananas, Zitrone und Salatgurke in einem guten Entsafter zu Saft verarbeiten. Diesen in ein hohes Glas geben, mit dem Kokoswasser aufgießen und verrühren. Sofort servieren.

Ergibt 1 Portion

Echinacea-Kokos-Honig-Tee

Echinacea (Sonnenhut) unterstützt die weißen Blutkörperchen. Mit den antibakteriellen Wirkstoffen von Honig und Kokosnuss stärkt dieser Tee das Immunsystem.

240 ml Wasser

1 Beutel Bio-Sonnenhuttee

1 EL kalt geschleuderter Honig (aus der Region)

1 TL rohes Kokosmus in in Bio-Qualität

Wasser zum Kochen bringen, den Teebeutel übergießen und 3 bis 5 Minuten ziehen lassen. Honig und Kokosmus zugeben. Umrühren, heiß servieren.

Ergibt 1 Portion

Tropischer Immun-Booster

Die Zutaten dieses Safts stärken Ihre Abwehrkräfte. Ingwer wirkt antientzündlich und kann vor Krebs schützen. Rote Bete enthalten Vitamin C, Folsäure, Mangan und Ballaststoffe. Petersilie ist eines der am weitesten verbreiteten Kräuter auf der Welt. Sie schenkt Vitamin K, C und A und wirkt stark entgiftend. Ein Hauch Ananas und Kokoswasser sorgen für das Urlaubs-Feeling!

3 Stangen Staudensellerie
3 große Karotten
1 kleine Rote Bete, geschält
¼ Salatgurke
320 g frische Ananas, gewürfelt
1 EL frische Ingwerwurzel, gerieben
etwas frische glatte Petersilie
120 ml Kokoswasser

Sellerie, Karotten, Rote Bete, Salatgurke, Ananas, Ingwer und Petersilie in einen guten Entsafter geben und zu Saft verarbeiten. In ein hohes Glas füllen und mit dem Kokoswasser aufgießen. Umrühren und sofort servieren.

Vorsicht: Erhöhen Sie den Petersilienanteil nicht, denn im Übermaß genossen kann dieses Kraut der Gesundheit schaden.

Ergibt 2 Portionen

Quinoa mit Kokosblütenzucker, Kürbiskernen und Heidelbeeren

Ein gesundes Frühstück regt uns dazu an, die gesunde Ernährung tagsüber beizubehalten. Denn gerade, wenn es uns nicht so gut geht, greifen wir zu süßen Seelentröstern. Dieser Quinoa-Brei enthält die an Antioxidantien reichen Heidelbeeren, dazu cremige Kokosmilch und vitaminreicher Kokosblütenzucker.

175 g Quinoa, hell
480 ml Wasser
1 EL Kokosöl in Rohkostqualität
10 g Kürbiskerne
1 Prise Himalaja-Salz
120 ml Kokosmilch light, ungesüßt
1 EL Kokosblütenzucker in Rohkost-
qualität
80 g Heidelbeeren

Quinoa im Sieb unter fließendem Wasser waschen. Mit 2 Tassen Wasser aufsetzen und zum Kochen bringen. Anschließend 25 bis 30 Minuten köcheln lassen, bis die Körner die Flüssigkeit aufgesogen haben.

In der Zwischenzeit den Backofen auf 190 °C (Gas Stufe 5) vorheizen. Ein Backblech mit dem Kokosöl einstreichen, die Kürbiskerne gleichmäßig darauf verteilen. Mit Salz bestreuen und 6 Minuten rösten. Die Kerne nach 3 Minuten wenden. Aufpassen, dass sie nicht schwarz werden!

Die Kokosmilch erhitzen, bis sie dampft.

Die Quinoakörner in zwei Schüsseln geben. Mit Kokosblütenzucker bestreuen. Die Heidelbeeren darauf verteilen und Kürbiskerne darübergeben. Mit der heißen Kokosmilch übergießen. Sofort servieren.

Ergibt 2 Portionen

Sahniger Grüntee

Grüntee enthält nachgewiesenermaßen viele Antioxidantien. Mit der immunstärkenden Kraft des Honigs und der cremigen Kokosmilch ergibt er einen wahren Göttertrunk – ob zum Frühstück oder zum Nachmittagstee.

240 ml Wasser

120 ml Kokosmilch light, ungesüßt

1 EL kalt geschleuderter Honig (aus der Region)

1 Beutel Bio-Grüntee

Bringen Sie das Wasser zum Kochen. In der Zwischenzeit die Kokosmilch erhitzen. Schlagen Sie mit einem handelsüblichen Milchaufschäumer die Kokosmilch auf. (Falls Sie keinen zur Hand haben, können Sie auch einen Schneebesen verwenden, mit dem Sie sehr schnell schlagen.)

Das Wasser in eine große Tasse gießen, den Teebeutel hineinhängen und 3 bis 5 Minuten ziehen lassen. Den Kokosmilchschaum mit einem Löffel darübergeben. Heiß servieren.

Ergibt 1 Portion

Samtige Kokos-Karotten-Apfel-Suppe

Bei einer Erkältung hilft oftmals nur ein Teller dampfende Suppe. Äpfel und Karotten schenken dieser Suppe eine volle Ladung Vitamine und Mineral-stoffe. Dazu kommen noch die antibakteriellen Eigenschaften der Kokosnuss und die Immun-Zauberer Muskat, Ingwer und Nelken fürs Aroma.

1 EL Kokosöl in Rohkostqualität

1 kleine gelbe Zwiebel, in Ringe geschnitten

2 Knoblauchzehen, fein gehackt

2 EL frische Ingwerwurzel, gerieben

1 Prise Muskatpulver

1 großer grüner Apfel, klein geschnitten

750 g Karotten, klein geschnitten

960 ml Gemüsebrühe, natriumarm

1 Prise Himalaja-Salz

Kokoschips, ungesüßt, in Bio-Qualität, zum Garnieren

In einem großen Topf auf niedriger Flamme das Kokosöl erwärmen. Zwiebel zugeben und glasig braten.

Knoblauch, Ingwer und Muskatpulver unterrühren und 1 Minute weitergaren

lassen, damit das Aroma durchzieht. Äpfel und Karotten zugeben, weitere 2 bis 3 Minuten garen. Hin und wieder umrühren.

Mit der Gemüsebrühe aufgießen und das Ganze aufkochen lassen. Die Hitze reduzieren und ohne Deckel 30 bis 45 Minuten auf niedriger Flamme köcheln lassen.

Die Suppe abkühlen lassen und in einen guten Mixer geben. Den Mixbehälter nur zur Hälfte füllen. Nötigenfalls mehrfach mixen. Die pürierte Suppe zurück in den Topf geben und auf mittlerer Flamme erneut erhitzen.

Salzkristalle und Kokoschips darüber-streuen. Warm servieren.

Ergibt 4 Portionen

Erdbeer-Bananen-Kokos-Limonade

Diese hausgemachte Limonade besteht in erster Linie aus der besten natür-lichen Vitaminquelle, die es gibt: aus Früchten. Sie stärken das Immunsystem und damit die Gesundheit. Die Kokosnuss schenkt Süße – und Mineralstoffe wie Kalzium und Magnesium.

240 ml Zitronensaft, gern selbst gemacht aus 10–12 frischen Zitronen

100 g Kokosblütenzucker in Rohkost-qualität

720 ml kaltes Wasser

1 mittelgroße Banane

170 g frische Erdbeeren

14 Eiswürfel

Kokosblütenzucker und Zitronensaft in einen großen Glaskrug geben. Umrühren, bis der Zucker sich aufgelöst hat. Erdbeeren waschen, in Scheiben schneiden und in den Krug geben.

Die Banane schälen und in Scheiben schneiden. Diese in den Krug geben. Mehr Wasser zugeben, wenn nötig. Erneut umrühren, bis alles schön durchgemischt ist. Zum Schluss die Eiswürfel zugeben.

Sie können das Getränk sofort servieren. Besser schmeckt es, wenn Sie es 1 bis 2 Stunden im Kühlschrank kalt stellen, damit sich die Aromen vermischen können. Vor dem Servieren kurz durchrühren und in hohe Gläser füllen.

Ergibt 6 Portionen

Hausgemachtes Vitaminwasser

Wenn Sie sicher sein wollen, dass Sie gesundes, mit Vitaminen angereichertes Wasser trinken, dann machen Sie es am besten selbst. Und zwar – aus dem Besten, was die Natur zu bieten hat. Dieses erfrischende Getränk enthält Unmengen Vitamin C und Antioxidantien.

40 g Heidelbeeren
240–480 ml Kokoswasser
2 l Wasser
1 Orange
1 Limette

Heidelbeeren in eine Eiswürfelschale legen: 1 bis 2 Heidelbeeren in jeden Würfel. Die Schale mit Kokoswasser auffüllen und im Gefrierschrank zu Heidelbeer-Kokos-Eiswürfeln fest werden lassen.

Einen großen Krug mit 2 Litern Wasser füllen. Orange und Limette in dünne Scheiben schneiden und hineingeben. Im Kühlschrank kalt stellen.

Wenn die Eiswürfel fertig sind, das Vitaminwasser in Gläser gießen. Eiswürfel hineingeben und servieren.

Ergibt 8 Portionen

KAPITEL 5

Kokosnuss für die Schönheit

Wussten Sie, dass Kokosöl seit Jahrhunderten für die Schönheit genutzt wird? Es mag merkwürdig erscheinen, dasselbe Produkt in Küche und Bad zu verwenden, doch ist daran nicht zu rütteln! Kokosnuss ist höchst vielseitig und kostengünstig. Außerdem liefert sie nicht nur Nährstoffe und Anti-Aging-Wirkstoffe, sondern riecht auch noch gut.

Kokosnuss lässt sich für viele Schönheitsprodukte sinnvoll nutzen. In diesem Kapitel erfahren Sie, wie Kokosnuss Haut und Nägel verbessert und dem Haar neuen Glanz verleiht. Doch es gibt nicht nur Rezepte für die äußere Anwendung, denn mit der Kokosnuss lässt sich auch die Schönheit von innen beeinflussen.

Du bist, was du isst – und womit du dich eincremst

Wussten Sie, dass die Haut das größte menschliche Organ ist? Die Haut ist unser Schutzschirm. Sie funktioniert ein bisschen wie ein Fliegengitter: Sie lässt Sauerstoff durch, aber größere Partikel müssen draußen bleiben! Außerdem geben wir über die Haut Kohlendioxid ab und scheiden Giftstoffe aus.

Was wir auf unsere Haut auftragen, beeinflusst unsere Gesundheit ebenso wie das, was wir essen – mitunter sogar mehr. Das, was wir essen, durchläuft den Verdauungstrakt. Die Leber teilt Nährstoffe in verwendbare und schädliche Stoffe ein. Wenn unsere Leber etwas loswerden will, leitet sie die Ausscheidung über Stuhl, Urin und Haut ein. Die von der Leber für gut befundenen Nährstoffe wandern in den Blutkreislauf und helfen uns, gesund zu bleiben. Die Leber ist also unser Torwächter. Was wir aber auf die Haut schmieren, geht direkt in den Blutkreislauf. Chemikalien und Zusatzstoffe, die in unserer Hautpflege enthalten sind, werden nicht von der Leber geprüft. Sie wandern über die Haut direkt in den Körper.

Die *Environmental Working Group,* ein verbraucherschutzorientierter *Think Tank* (Denkfabrik) in Amerika, geht davon aus, dass die Durchschnittsamerikanerin etwa zwölf Körperpflegeprodukte täglich benutzt, ihr männliches Gegenstück etwa sechs. Diese sind meist ausgesprochen kostspielig, bringen aber nur selten den gewünschten Effekt! Das Tolle an der Kokosnuss ist, dass sie preisgünstig ist, vielseitig und dazu noch natürliche Antioxidantien enthält, die die Hautalterung stoppen können. Die gesunden Fette der Kokosnuss sind ideal für die Haarpflege und ihre antibakteriellen Eigenschaften wirken Entzündungen und Akne entgegen. Für ein schöneres Hautbild!

Zahlreiche kommerzielle Kosmetikprodukte sind häufig mit künstlichen Zusatzstoffen angereichert, die der Haut und dem Organismus schaden. Von der ethischen Seite gar nicht zu reden.

Was Sie auch kaufen: Lesen Sie stets die Liste der Zutaten gründlich durch und überlegen Sie, ob Sie das Produkt auch kaufen würden, wenn Sie es essen müssten. Schließlich verdient unsere Haut dieselbe Aufmerksamkeit wie unser Magen.

Wussen Sie, dass ... ?

Wussten Sie z. B., dass normale Gesichtscreme Quecksilber enthalten kann? Wenn unser Körper mit Quecksilber belastet ist, kann es zu Zittern, Gedächtnisproblemen, Reizbarkeit und eingeschränkter Hör- und Sehfähigkeit kommen Eine Untersuchung der US-Lebensmittelaufsicht ergab jedenfalls, dass viele Importprodukte eine hohe Schwermetallbelastung aufweisen. „Quecksilberspuren im Körper können schwere gesundheitliche Konsequenzen nach sich ziehen", sagt Dr. Charles Lee, medizinischer Berater der US-Lebensmittelaufsichtsbehörde.

Wussten Sie, dass manche Lippenstifte Blei enthalten? Nachdem die „Kampagne für sichere Kosmetika" darauf aufmerksam machte, führte die US-Lebensmittelaufsicht Tests an mehreren Hundert Lippenstiften durch und fand heraus, dass fast alle Blei enthielten! „Blei ist ein Nervengift, das Lernschwierigkeiten, Sprach- und Verhaltensstörungen auslösen kann. Ein niedrigerer IQ, Probleme in der Schule und starke Aggressionen sind die Folge. Schwangere Frauen und Jugendliche sind für Blei besonders anfällig. Blei dringt leicht in die Placenta ein und gelangt ins Gehirn des Ungeborenen, wo es Entwicklungsstörungen hervorruft", sagt Dr. Sean Palfrey, Professor für Kinderheilkunde und öffentliche Gesundheit an der *Boston University*. Jüngere Studien zeigen, dass Blei gefährlich ist, vor allem für Kinder und schwangere Frauen.

Dies sind nur zwei alarmierende Beispiele für Umweltgifte in alltäglichen Kosmetikprodukten. Natürliche Inhaltsstoffe sind eine glänzende Alternative, denn „Coconut is beautiful!"

Ein ganz natürliches Schönheitsmittel

Wollen Sie Ihre natürliche Schönheit unterstreichen, dann sollten Sie auf die Beauty-Apotheke der Natur zurückgreifen! Kokosnuss aus biologischem Anbau enthält keine chemischen Zusatzstoffe. Und zwei sehr wichtige Schönheits-Ingredienzen: Vitamin E und C. Diese fördern den Kollagenaufbau und die Elastizität der Haut, reduzieren die hautschädigenden freien Radikale, die den Alterungsprozess anheizen und Falten sowie Pigmentflecken verursachen können. Sind wir jung, ist unsere Haut straff, glatt und normalerweise gesund. Während des Alterungsprozesses führen freie Radikale dazu, dass unsere gesunden Zellen weniger Feuchtigkeit speichern können. Es kommt zu Faltenbildung und welker Haut. Die Antioxidantien der Kokosnuss helfen uns, den Schaden zu begrenzen, sodass wir auch im Alter frisch und strahlend aussehen.

Kokosöl für gesundes, schimmerndes Haar

Wenn Sie Ihr Haar färben, viel Stress haben oder viel in der Sonne sind, dann wissen Sie, welche Schäden das Haar durch Hitze, Sonne und Chemikalien erleiden kann. Geschädigtes Haar bricht leichter, ist trocken und weist gespaltene Spitzen auf. Greifen Sie zur Kokosnuss statt zu den kostspieligen Haarkuren aus dem Kosmetiksalon! Eine wissenschaftliche Studie, die im *Journal of Cosmetic Science* veröffentlicht wurde, untersuchte die Wirksamkeit verschiedener Pflanzenöle bei Haarschäden. Ihr Fazit war, dass Kokosöl Haarbruch am besten verhindert. Es hält das Haar geschmeidig und gesund. Nehmen Sie – hier ist weniger oft mehr – 1 bis 2 Teelöffel Kokosöl und massieren diese in die Haarspitzen ein. Oder versuchen Sie es mit einem Kokos-Conditioner (siehe Seite 128). Er ist nicht teuer und absolut chemiefrei. Mit biologischem Kokosöl wird Ihr Haar wieder kräftig und schimmernd. Wahrscheinlich fragt Ihre beste Freundin Sie bald: „Wie machst Du das nur?"

Schluss mit Akne und Pickeln!

Kokosnuss wirkt stark antibakteriell und kann daher Akne lindern. Akne ist eine Entzündung der Talgdrüsen, die für die Rötung und Schwellung verantwortlich ist. Doch Capryl- und Laurinsäure in der Kokosnuss bekämpfen die Entzündung nicht nur an der Oberfläche. Sie dringen tief ein und gehen dem Problem an der Wurzel, das heißt in der Talgdrüse, an den Kragen.

Jeder Hauttyp ist anders. Wenn Sie fettige Haut haben, stehen Sie der Benutzung eines Öls vermutlich eher skeptisch gegenüber. Versuchen Sie's trotzdem. Fangen Sie am besten klein an, mit einer höchstens erbsengroßen Menge Kokosfett. Mischhaut hat in der T-Zone, also an Stirn, Nase und Kinn, mehr Talgdrüsen, der Rest der Haut ist eher trocken. Tragen Sie das Kokosfett auf den trockenen Zonen auf. Da Kokosöl aber so gut gegen Entzündungen wirkt, können Sie es in kleinen Portionen auch auf die fettigen Hautbereiche auftragen und damit die Haut wieder ins Gleichgewicht bringen. Probieren Sie einfach aus, was am besten zu Ihrer Haut passt und was Ihr Hautbild verbessert. Achten Sie darauf, nur biologisch hergestelltes Öl von bester Qualität zu nutzen, da dies nicht komedogen ist, also die Poren nicht verstopft. Raffiniertes oder gar gehärtetes Kokosöl kann die Poren verstopfen und das Hautbild massiv verschlechtern.

Dr. Bruce Fife, der in Wissenschaftlerkreisen den Spitznamen „Dr. Coconut" trägt, meint, dass Kokosöl zweierlei Wirkung auf Akne haben kann: Entweder vergeht die Akne relativ schnell oder sie verschlimmert sich, bevor sie ganz abheilt. Im letzteren Fall sollten Sie das Kokosöl weiter anwenden, auch wenn die Pickel zunächst mehr werden. Das Kokosöl hilft Ihrem Körper beim Entgiften. Dadurch werden Giftstoffe zunächst über die Haut ausgeschieden und die Pickel vermehren sich. Dieser Ausbruch verleitet viele dazu aufzugeben. Tun Sie's nicht! Sie werden bald Veränderungen feststellen. Je mehr Giftstoffe Ihr Körper angesammelt hat, desto länger dauert es, bis die Haut wieder rein wird. Verlieren Sie nicht den Mut: Am Ende werden Sie reich belohnt.

Ihre Haut zeigt klar und deutlich, wie gesund Ihr Körper ist. Pickel am Kinn oder im Dekolletébereich gehen häufig auf hormonelle Störungen zurück. Pickel auf Wangen und Stirn haben eher mit Verdauungsproblemen zu tun. Akne zu haben ist kein Spaß. Eine Ansammlung von Pickeln ist weder für Teenager noch für Erwachsene lustig. Mit Kokosöl aber beeinflussen Sie die Haut auf die richtige Weise. Sie kümmern sich um Ihr größtes Organ und damit um Ihre Gesundheit. Sie können den Entgiftungsprozess allerdings beschleunigen, indem Sie Nahrungsmittel zu sich nehmen, die reich an Antioxidantien sind wie biologisch angebautes Obst und Gemüse.

Vergessen Sie nicht, viel zu trinken! Wenn die Akne Sie belastet, wird sie übrigens noch schlimmer. Jeder Körper ist anders. Jeder Mensch macht andere Erfahrungen, wenn er Kokosöl benutzt. Doch wenn Sie am Ball bleiben, werden Sie die positiven Effekte des Superfoods Kokosnuss bald spüren.

Kokosöl für die Reichen und Schönen

Natürlich suchen alle Menschen letztlich nach dem Jungbrunnen par excellence. Vielleicht brauchen wir ja alle nur ein bisschen mehr Kokosnuss? Viele Kosmetikspezialisten, Hautärzte und Wissenschaftler scheinen derselben Meinung zu sein. Dementsprechend nutzen viele Celebritys, Schauspieler und Models ihre Anti-Aging-Wirkung.

Das „Victoria's Secret"-Model Miranda Kerr meint, Kokosöl sei eines der Geheimnisse ihres Erfolgs, weil es für reine Haut, schimmerndes Haar und einen gut definierten Körper sorge. Sie sagte kürzlich: „Ich komme keinen Tag ohne Kokosöl aus. Ich nehme 4 Esslöffel täglich, entweder im Salat, im Essen oder im grünen Tee." Kourtney Kardashian, deren Markenzeichen ihr wunderschönes, schwarzes Haar ist, gab an, dass sie einmal im Monat eine Haarmaske aus Avocado, Mayonnaise, Eiern, Olivenöl, Rizinusöl und Kokosöl auftrage.

Gwyneth Paltrow, die Oscar-Gewinnerin, die für ihren gesunden Lebensstil berühmt ist, gibt an, Kokosöl nach dem Bad aufzutragen, damit ihre Haut elastisch bleibt. Auf ihrer Webseite *www.goop.com* gibt sie folgenden Ratschlag: „Mit Epsom-Salz (Bittersalz) entgifte ich meinen Körper, belebe meine Muskulatur und sorge für Entwässerung. Im Bad benutze ich einen Peeling-Handschuh, was die Haut glatt und weich macht. Nach dem Bad verwöhne ich sie dann mit reichlich organischem Kokosöl extra vergine." Dr. Mehmet Oz, der Arzt der *Dr. Oz Show*, empfiehlt ebenfalls Kokosöl für einen gesünderen Lebensstil.

Ist Kokosöl damit eines der Geheimnisse, mit denen die Reichen und Schönen dieser Erde ihre Fitness und ihr gutes Aussehen bewahren? Eines jedenfalls zeigt sich ganz deutlich: Diejenigen, die Kokosöl regelmäßig benutzen, haben ganz offensichtlich schöne Haut und schönes Haar.

Warum Kokosnuss die Schönheit unterstützt

Unten habe ich zusammengefasst, aus welchen Gründen Kokosnuss ein Superfood für unsere Schönheit ist.

- Kokosnuss ist preiswert und vielseitig. Ihre natürlichen Antioxidantien reduzieren die Hautalterung. Gesunde Fette sorgen für kräftiges, gesundes Haar. Antibakterielle Eigenschaften lindern Entzündungen und sorgen für ein klares Hautbild.
- Der beste Weg zu natürlicher Schönheit ist, biologische Kokosprodukte zu verwenden, die keine chemischen Zusatzstoffe enthalten.
- Kokosnuss enthält Vitamin C und E, zwei Antioxidantien, die die Kollagenproduktion fördern und den Schaden durch freie Radikale verringern, die welke Haut, mangelnde Frische und Pigmentflecken verursachen.
- Die natürlichen Öle der Kokosnuss schenken dem Haar Feuchtigkeit. Ihre Vitamine und Mineralstoffe unterstützen seine natürliche Schönheit.

- Die antibakteriellen Eigenschaften von Capryl- und Laurinsäure lindern Akne und bakterielle Entzündungen der Haut.
- Kokosöl ist ein beliebtes Schönheitsmittel bei Models, Schauspielern und anderen Berühmtheiten, die auf ihren Anti-Aging-Effekt setzen.

Wie Sie Kokosnuss für Ihre Schönheit nutzen

Studieren Sie die Zutatenliste Ihrer Kosmetikartikel. Wenn Sie einen Inhaltsstoff nicht kennen oder nicht verstehen, benutzen Sie das Produkt nicht.

- Verwenden Sie Kokosöl, um Ihrer Haut Feuchtigkeit zu schenken. Das ist besser als schwere Cremes mit künstlichen Duftstoffen oder anderen fragwürdigen Ingredienzen.
- Verwenden Sie Kokosöl als Conditioner fürs Haar. Massieren Sie nach dem Duschen eine kleine Menge in die Haarspitzen ein.
- Nehmen Sie täglich Kokosnuss für die Schönheit von innen zu sich.
- Trinken Sie viel Wasser, besser noch Kokoswasser. Wasser schwemmt Giftstoffe aus, versorgt den Körper mit Feuchtigkeit und schenkt Ihnen eine schöne Haut. Zu wenig Flüssigkeit macht Falten, also trinken Sie fleißig!
- Freuen Sie sich Ihrer natürlichen Schönheit! Sie sind schön, wie Sie sind. Sie brauchen nicht kiloweise Make-up oder Haarpflegeprodukte. Setzen Sie auf natürliche und vielseitige Mittel wie die Kokosnuss, um Ihre natürliche Schönheit hervorzuheben und zu bewahren.

Schön mit Kokos

Vanille-Kokos-Körperpeeling

Macht die Haut glatt und seidig und duftet auch noch gut! Ein ausgesprochen kostengünstiger Spaß!

200 g Kokosblütenzucker in Rohkostqualität

225 g Kokosöl in Rohkostqualität

10 Tropfen Duftöl Vanille in Bio-Qualität

Alle Zutaten in eine mittelgroße Schüssel geben und mit dem Schneebesen oder dem elektrischen Handrührer glatt rühren. In einem fest verschließbaren Glasbehälter (Einwegglas) aufbewahren.

Dick auf den Körper auftragen, einmassieren und unter der Dusche gründlich abspülen.

Ergibt 425 Gramm

Körperpeeling für unreine Haut

Nachtkerzenöl wurde lange Zeit zur Bekämpfung von Ekzemen benutzt. Mit vitaminreichem Kokosblütenzucker beruhigt es die Haut und befreit sie von abgestorbenen Zellen.

225 g Kokosöl in Rohkostqualität

50 g Kokosblütenzucker in Rohkostqualität

10 Tropfen Nachtkerzenöl in Bioqualität

Alle Zutaten in einer Schüssel verrühren. In einem fest verschließbaren Glasbehälter aufbewahren. Dick auf den Körper auftragen, einmassieren und unter der Dusche abspülen.

Ergibt 275 Gramm

Kokos-Conditioner (siehe Foto Seite 117)

Wenn Ihr Haar eine ganz besondere Pflege braucht, greifen Sie doch auf die Kokosnuss zurück. Der Cocos-Conditioner macht das Haar weich und kämmbar. Ein- bis zweimal pro Woche angewendet gibt der Conditioner Ihrem Haar Glanz und Kraft zurück.

etwa 400 ml Kokosmilch

1 EL kalt geschleuderter Honig (aus der Region)

1 EL Kokosöl in Rohkostqualität

Alle Zutaten in eine mittelgroße Schüssel geben. Mit einem Schneebesen oder einem elektrischen Handrührgerät glatt rühren.

Den Conditioner in einem fest verschließbaren Glasbehälter (Einwegglas) aufbewahren.

Üppig in die Haarspitzen einarbeiten und 5 Minuten einwirken lassen. Gründlich ausspülen.

Ergibt 240 Milliliter

Kokos-Gesichtscreme

Ein Primer ist eine Creme, die man vor dem Make-up aufträgt, um die Haut geschmeidig zu machen. Gerade bei unreiner Haut neigt man dazu, die Pickelchen zu überschminken. Beruhigen Sie Ihre Haut lieber mit dieser leichten Creme. Dann kommen Sie mit weniger Make-up aus und Ihr Teint wirkt natürlicher und gleichmäßiger.

225 g Kokosöl in Rohkostqualität, flüssig

10 Tropfen Pfefferminzöl in Bio-Qualität (vorher Verträglichkeit testen, vor allem bei empfindlicher oder trockener Haut)

Die Zutaten in einer kleinen Schüssel verrühren. Die Make-up-Unterlage in einem fest verschließbaren Glasbehälter aufbewahren.

Mit einer Pipette 1 bis 2 Tropfen auf die sauberen Hände geben und über Gesicht und Hals verteilen. Lassen Sie die Creme 3 bis 4 Minuten einziehen, bevor Sie das Make-up auftragen.

Ergibt 240 Milliliter

Anti-Aging-Feuchtigkeitsceme

Diese Anti-Aging-Feuchtigkeitscreme ist so schlicht, dass Sie dafür nur zwei Zutaten brauchen. Die Vitamine der Kokosnuss glätten reife Haut und Vitamin E bringt das Strahlen zurück.

225 g Kokosöl in Rohkostqualität, flüssig

15 ml Vitamin-E-Öl in Bio-Qualität

Beide Zutaten in eine mittelgroße Schüssel geben und mit dem Schneebesen oder dem Handrührgerät glatt rühren. In einem fest verschließbaren Glasbehälter aufbewahren. Täglich auf die Haut auftragen.

Ergibt 240 Milliliter

Feuchtigkeitscreme für unreine Haut

Mit dieser kostengünstigen Creme können Sie entzündliche Prozesse der Haut stoppen – durch die antibakteriellen Eigenschaften der Kokosnuss und die Unterstützung des Teebaumöls.

55 g Kokosöl in Rohkostqualität, flüssig

10 Tropfen Teebaumöl in Bio-Qualität

Beide Zutaten in einer kleinen Schüssel mit dem Schneebesen verrühren. Die Creme in einem fest verschließbaren Glasbehälter (Einwegglas) aufbewahren.

Nach der Gesichtsreinigung morgens und abends eine kleine Menge auftragen. Die Creme ist sehr ergiebig.

Ergibt 55 Gramm

Avocado-Kokos-Gesichtsmaske

Diese Gesichtsmaske ist einfach herzustellen und spendet empfindlicher Haut mehr Feuchtigkeit. Damit Ihre Haut wieder natürlich strahlt! Wenden Sie sie einmal pro Woche an und bereiten Sie sie immer frisch zu. Brauchen Sie die ganze Menge auf. Vor der Anwendung Gesicht und Hals reinigen und einem Peeling unterziehen.

1 große Avocado, geschält und entkernt

1 EL Kokosöl in Rohkostqualität, flüssig

1 TL kalt geschleuderter Honig (aus der Region)

Alle Zutaten in die Küchenmaschine geben und glatt pürieren.

Mit den Händen auf Gesicht und Hals bis zum Schlüsselbein auftragen. 10 bis 15 Minuten einwirken lassen.

Gut mit warmem Wasser abwaschen und die Haut trocken tupfen. Nicht rubbeln!

Ergibt etwa 175 Gramm

Kokos-Zitronen-Creme für die Nagelhaut

Unsere Hände haben den ganzen Tag über zu tun: Wir kochen, waschen, erledigen die Gartenarbeit, kaufen ein, tippen oder kramen in unserer Handtasche herum. Unsere Nagelhaut wird von den vielfältigen Belastungen trocken, sodass sie leicht einreißt. Mit dieser Creme können Sie – bei täglicher Anwendung – die Nagelhaut schön geschmeidig machen, sodass Sie immer schöne Nägel haben.

55 g Kokosöl in Rohkostqualität
1 TL Vitamin-E-Öl in Bio-Qualität
10 Tropfen Duftöl Zitrone in
 Bio-Qualität

In einer kleinen Pfanne bei niedriger Flamme das Kokosöl schmelzen lassen. Vom Herd nehmen und die anderen Öle dazugeben. Gut verrühren.

Die Mischung in einen fest verschließbaren Glasbehälter geben. Im Kühlschrank aufbewahren. Einmal täglich in die Nagelhaut einmassieren.

Ergibt 55 Gramm

Schönheits-Smoothie

Auch mit unserer Ernährung können wir etwas für unser gutes Aussehen tun. Dieser Smoothie ist ein schneller Snack, der uns dank der sahnigen Kokosmilch Feuchtigkeit schenkt. Auch die Banane macht diese Leckerei schön cremig und erhöht den Ballaststoffanteil.

120 ml Kokoswasser
120 ml Kokosmilch, ungesüßt
½ Banane, tiefgefroren
1 EL Kokosöl in Rohkostqualität,
3–4 Eiswürfel

Die Banane in Stücke brechen, mit allen anderen Zutaten in den Mixer geben und glatt pürieren. In einem hohen Glas sofort servieren.

Ergibt 1 Portion

Entgiftungsdrink für die Haut

Dieser minzige Limettendrink regt die Verdauung an. Die Wassermelone macht ihn noch frischer. Eindeutig besser als zuckerhaltige Limo!

300 g Wassermelone, gewürfelt
235 ml Kokosmilch light, ungesüßt
Saft von ½ Limette
3 frische Minzblätter
3–4 Eiswürfel

Alle Zutaten in einen guten Mixer geben und zu einem cremigen Smoothie verarbeiten. Sofort servieren.

Ergibt 1 Portion

Rohköstlicher Kokosriegel

Sie hätten gern einen zuckerfreien, schmackhaften Snack, der auch noch Ihre Schönheit erstrahlen lässt? Kein Problem! Die Kürbiskerne enthalten viel Zink, das entzündliche Prozesse wie Akne abheilen lässt. Mandeln sind reich an Vitamin E. Kokosöl und Kokosraspel machen satt und glücklich. Guten Appetit!

360 g gehackte Mandeln in Rohkost-qualität

85 g Kokosraspel, ungesüßt, in Bio-Qualität

90 g Datteln, entkernt und klein gehackt

30 g Kürbiskerne in Rohkostqualität

170 g kalt geschleuderter Honig (aus der Region)

110 g Kokosöl in Rohkostqualität, flüssig

Mark von ¼ Vanilleschote

½ TL Meersalz

¼ TL gemahlener Zimt

Alle Zutaten in die Küchenmaschine geben und zu einem dicken Teig verarbeiten. Mit dem Spatel immer wieder von den Wänden lösen, damit alle Zutaten sich gleichmäßig verteilen. Der Teig sollte sich glattstreichen lassen, aber eine grobe Konsistenz haben – etwa wie grobes Erdnussmus.

Mit dem Spatel den Teig auf einem Backblech (23 × 33 Zentimeter) verteilen. Mit einem Küchentuch abdecken und 1 bis 2 Stunden in den Kühlschrank stellen.

Mit einem scharfen Messer in zwölf Riegel schneiden. Jeden Riegel in Wachspapier für Lebensmittel verpacken und in einem luftdicht verschlossenen Behälter im Kühlschrank aufbewahren.

Ergibt 12 Riegel

Rohköstliche Burritos

Diese Burritos sind gut für Ihre Schönheit, da sie viele Ballaststoffe enthalten, die von Grün- und Rotkohl stammen. Da sie rohköstlich zubereitet werden, bleiben sämtliche wertvollen Inhaltsstoffe erhalten. Petersilie reinigt die Haut, Avocado nährt sie und macht sie mit Vitamin K, Vitamin C, Kalium und Folsäure auch schön.

2 große Rotkohlbätter

½ Avocado, geschält, entsteint und zerdrückt

35 g zarte Grünkohlblätter, von den Rippen befreit und in Streifen geschnitten

30 g frische Sprossen

½ große Karotte, geraspelt

15 g glatte Petersilie, fein gehackt

1 EL Süßsaures Beauty-Dressing (siehe Seite 139)

Die Rotkohlblätter auf der Innenseite mit Avocadomus einstreichen. Darüber die Grünkohlstreifen, Sprossen, Karottenraspel und Petersilie geben.

Mit dem Dressing beträufeln und die Kohlbätter zusammenrollen. Sofort servieren.

Ergibt 1 Portion

Süßsaures Beauty-Dressing

Viele fertige Salat- oder Ketchupsaucen sind für die Gesundheit nicht gerade ideal. Ihre chemischen Zusatzstoffe belasten auch die Haut. Dieses Dressing enthält keine chemischen Zusatzstoffe, ist hautverträglich und leicht zuzubereiten. Am besten schmeckt es übrigens frisch. Einfach super zu Salat, Reis, Bohnen und Gemüse. Oder als Dip zu Crudités.

2 EL Avocado, entsteint und zu Mus zerdrückt

1 EL Kokosöl in Rohkostqualität, flüssig

1 TL kalt geschleuderter Honig (aus der Region)

1 Prise Himalaja-Salz

Alle Zutaten im Mixer oder in einer kleinen Schüssel gründlich verrühren.

Ergibt etwa 3 Esslöffel

Fruchtiger Saft für einen flachen Bauch

Mit einem Blähbauch fühlt sich kein Mensch schön! Cranberrys wirken dem entgegen. Außerdem schwemmt dieser Drink Salze aus, die Blähungen verursachen. Apfelessig hat zahlreiche gesundheitsfördernde Eigenschaften, die Essigsäure hilft gegen Pickel.

120 ml Kokoswasser

120 ml naturreiner Cranberrysaft, ungesüßt

Saft von ¼ Limette

1 EL Apfelessig

1 EL kalt geschleuderter Honig (aus der Region)

Eiswürfel nach Belieben

Die flüssigen Zutaten in einem Glas verrühren. Eiswürfel dazugeben. Sofort servieren.

Ergibt 1 Portion

(Fast) Rohköstliche Rocking Tacos

Rohköstliche Ernährung schenkt Ihnen die volle Ladung Nährstoffe, die in Ihren Lebensmitteln enthalten sind, da nichts davon durch Kochen zerstört wird. Hier liefert die Süßkartoffel Vitamin C, die Bohne Ballaststoffe, die Karotte Vitamin A und C und der Grünkohl Vitamin C und Kalzium. Da Bohnen, Süßkartoffeln und die Tacoschalen erhitzt werden, sind diese Tacos ideal für den Übergang zu mehr Rohkost geeignet.

55 g Süßkartoffelstreifen

1 EL Kokosöl in Rohkostqualität, flüssig

85 g gekochte schwarze Bohnen

2 Vollkorn-Tacoschalen

¼ Avocado, geschält und entkernt

40 g junger Grünkohl, von den Rippen befreit und fein gehackt

30 g Karotten, geraspelt

60 ml Pico-de-gallo-Würzsauce (aus fein gehackten Tomatenwürfeln, Zwiebeln, Salatgurke, Chilischoten, Meersalz und Zitronensaft)

Den Ofen auf 220 °C (Gas Stufe 7) vorheizen.

Die Süßkartoffelstreifen gleichmäßig auf einem Backblech verteilen. Mit Kokosöl beträufeln und durchmengen, sodass sich das Öl gut verteilt. Anschließend 20 bis 25 Minuten backen, bis sie weich und goldbraun sind.

Die Bohnen auf niedriger Flamme erwärmen. Wenn die Süßkartoffeln durch sind, die Tacoschalen zum Aufwärmen in den Backofen schieben. Avocado zerdrücken.

Die warmen Tacos mit Avocadomus bestreichen, Süßkartoffelstreifen hineingeben, darauf die schwarzen Bohnen, Grünkohl, Karotten und Pico-de-gallo-Würzsauce geben. Sofort servieren

Ergibt 1 Portion

KAPITEL 6

Kokosnuss – so unglaublich vielseitig

Die Kokosnuss durchläuft im Laufe ihres Wachstums viele Stadien, die sich durch je unterschiedlichen Nährwert auszeichnen. Die junge, noch grüne Kokosnuss enthält z. B. süßes Kokoswasser, und zwar durchschnittlich 900 Milliliter pro Nuss.

Wenn die Kokosnuss zu reifen beginnt, wächst allmählich eine Lage „Fleisch" heran, das anfangs noch geleeartig ist. Dieses Fleisch kann man buchstäblich herauslöffeln. Es ist reich an mittelkettigen Fettsäuren (MKT), die das Immunsystem stärken und beim Abnehmen helfen. Kokosmilch hingegen wird aus dem frischen oder getrockneten Fleisch der Kokosnuss hergestellt, das in warmem Wasser eingeweicht wird.

Während die Kokosnuss weiterwächst, wird die Lage „Fleisch" immer dicker und reifer. Das Kokoswasser verliert seinen süßen Geschmack und wird immer mehr wie normales Wasser. In diesem Stadium kann das Kokosfleisch getrocknet oder zu Mus bzw. Kokosöl verarbeitet werden.

Ist die Kokosnuss reif, fällt sie von selbst vom Baum. Dort keimt sie und bildet aus dem Inneren heraus einen weißen runden Keim von schwammartiger Konsistenz, den man „Apfel" nennt. Er kann verzehrt werden und gilt als Köstlichkeit.

Obwohl Kokoswasser eine isotonische Flüssigkeit ist, findet meist das Fleisch Verwendung, weil es so vielseitig verarbeitet werden kann.

Die Kokosnuss ist sehr kalorienreich, aber ihr Nährwert ist mindestens ebenso hoch. Sie enthält Mangan, Molybdän und Kupfer sowie Zink und Selen. In diesem Kapitel werden wir uns mit den Produkten auseinandersetzen, die aus der Kokosnuss gewonnen werden. Im Anschluss finden Sie auch einige köstliche Grundrezepte für Ihr künftiges Leben als Kokosliebhaber.

Das Fleisch der Kokosnuss

Als „Fleisch" bezeichnet man die innere weiße Schicht der Kokosnuss, die bei der jungen Kokosnuss noch saftig und weich ist, später aber immer mehr aushärtet. Aus dem Fleisch der Kokosnuss stellt man Kokosöl, Kokosmus und getrocknete Kokoschips oder -raspel her. In der Regel enthalten 80 Gramm Kokosfleisch etwa 285 Kalorien und 28,6 Gramm Fett, hauptsächlich von der gesättigten Art.

Das Fleisch der Kokosnuss enthält mittelkettige Fette bzw. Triglyzeride (MKT), die zu einem starken Herzen verhelfen. Dr. Janaki Gooneratne, Chefin der Lebensmitteltechnologie am *Industrial Technology Institute* in Sri Lanka, präsentierte 2013 die Resultate einer umfassenden Studie über Kokosöl und seine Wirkung auf die Menschen in Sri Lanka. Die Region gilt wegen ihres hohen Konsums an Kokosnüssen als „Kokos-Dreieck". In Sri Lanka ist Kokosnuss das zweitwichtigste Nahrungsmittel nach Reis. Dr. Gooneratne geht davon aus, dass ihre Studie über das Kokosöl wegen ihres breit angelegten Charakters die erste und bislang einzige ihrer Art ist. Ihrer Ansicht nach ist „die Anzahl jener Studien, die sich mit dem direkten Zusammenhang zwischen Kokosfettkonsum und dem Risiko einer Herz-Kreislauf-Erkrankung befassen, trotz des hohen Interesses an den ernährungstechnischen Zusammenhängen solcher Erkrankungen erstaunlich gering". Ihre Studie ergab, dass ein hoher Konsum von Kokosfett (bis zu 16,4 Prozent der gesamten Kalorienaufnahme) keinerlei Auswirkungen hat auf das Risiko der Bevölkerung Sri Lankas, von Herz-Kreislauf-Erkrankungen betroffen zu werden. Sie nimmt an, dass die Kokosnuss im Gegenteil bald zur Behandlung der Krankheiten dieses Formenkomplexes dienen könnte.

FÜR DIE GESUNDHEIT! Die Vorzüge von Kokosfleisch

Mittelkettige Fette (Triglyceride): Kokosfleisch ist reich an herzgesunden, immun-stärkenden und schön machenden MKTs.

Mangan: 80 Gramm Kokosfleisch enthalten 67 Prozent des Tagesbedarfs. Mangan unterstützt das Immunsystem, trägt zur Regulierung des Blutzuckers bei und stärkt unser Nervensystem. Mangan ermöglicht eine bessere Verwertung anderer Nährstoffe wie Eisen, Thiamin und Vitamin E.

Kalium: 80 Gramm Kokosfleisch liefern 14 Prozent unseres empfohlenen Tages-bedarfs. Kalium sorgt für einen ausgeglichenen Flüssigkeitshaushalt. Es unterstützt die Herzfunktion und die Arbeit der Muskeln.

Kupfer: 80 Gramm Kokosfleisch versorgen uns mit 39 Prozent des empfohlenen Tagesbedarfs an Kupfer. Kupfer fördert die Erzeugung roter Blutkörperchen, die Sauerstoff durch unseren Körper transportieren.

Ballaststoffe: 80 Gramm Kokosfleisch enthalten 7,2 Gramm Ballaststoffe, mehr als 20 Prozent des empfohlenen Tagesbedarfs.

Selen: Kokosfleisch enthält von allen Nahrungsmitteln am meisten Selen, das ein star-kes Antioxidans ist. Es wird unter anderem zur Linderung der Nebenwirkungen von Chemotherapien eingesetzt. Bereits 100 Gramm Kokosfleisch enthalten 800 Mikro-gramm Selen, das Vierfache der bei Chemotherapien eingesetzten Dosis. Natürlich findet sich das Selen auch in allen anderen Kokosprodukten bis auf Kokosöl.

Kokoswasser

Kokoswasser ist die Flüssigkeit in einer frischen, noch unreifen oder heranreifenden Kokosnuss. Wenn Sie ein Loch hineinschlagen, können Sie das Wasser herausgießen. Dieses gesunde Getränk wird immer beliebter. Sie können es heute häufig im Tetrapak erwerben. Eine Menge von 240 Millilitern Kokoswasser enthält 47 Kalorien und 0,4 Gramm gesättigte Fette. Außerdem finden sich darin etwa 100 Milligramm Natrium, also etwa 20 Prozent der empfohlenen täglichen Zufuhr.

Für einen Smoothie ist Kokoswasser die ideale flüssige Basis. Sie können es mit anderen Zutaten zu leckeren Elixieren, Aqua frescas oder Frischedrinks mixen. Oder Sie können es einfach so genießen. Es gibt keinen besseren Durstlöscher als Kokoswasser, da es so viele Mineralstoffe enthält und isotonisch wirkt.

Das macht Kokoswasser auch zum idealen Sportlergetränk, vor allem, wenn Sie Ihren Elektrolytbedarf nach anstrengenden Trainingsstunden auf gesunde Weise decken wollen. Im Kokoswasser finden sich Kohlehydrate, Vitamine, Mineralstoffe und Natrium – der natürlichste Sportdrink der Welt!

FÜR DIE GESUNDHEIT! Die Vorzüge von Kokoswasser

Natrium: Salz ist lebenswichtig! Zu viel Natrium kann der Gesundheit zwar schaden, doch gleichzeitig brauchen wir es für unsere Gesundheit. Es reguliert den Flüssigkeitshaushalt des Körpers und sorgt für gesunde Knochen. Die Deutsche Gesellschaft für Ernährung empfiehlt Erwachsenen, eine tägliche Zufuhr von 550 Milligramm Natrium nicht zu überschreiten. Für ältere Menschen und für Kinder sollte der Tagesbedarf auf 300 bis 500 Milligramm reduziert werden. Dasselbe gilt für Menschen, die unter hohem Blutdruck leiden, Diabetes oder chronische Erkrankungen der Niere haben.

Vitamin C: Eine Menge von 240 Millilitern Kokoswasser enthält etwa 9 Milligramm Vitamin C, also rund 10 Prozent unseres empfohlenen Tagesbedarfs. Die Deutsche Gesellschaft für Ernährung geht von einer täglichen Zufuhr von 75 bis 90 Milligramm Vitamin C für erwachsene Männer und Frauen aus. Vitamin C ist ein wichtiges Antioxidans, welches das Immunsystem des Körpers stärkt, Kollagen aufbaut und Verletzungen im Körpergewebe reparieren hilft.

Kalium: Schon 240 Milliliter Kokoswasser versorgen uns mit 600 Milligramm Kalium, mehr als 17 Prozent unseres Tagesbedarfs. Auch Kalium leistet einen wichtigen Beitrag zum Flüssigkeitshaushalt, stärkt unsere Muskeln und sorgt für bessere Kommunikation zwischen den Körperzellen.

Natürliche Kohlehydrate: Kokoswasser enthält etwa 9 Gramm Kohlehydrate und 3 Gramm Ballaststoffe pro 240 Milliliter.

Kokosmilch

Kokosmilch ist kein Kokoswasser. Sie wird aus dem Fleisch der Kokosnuss hergestellt, indem man frisches oder getrocknetes Kokosfleisch in warmem Wasser einweicht und dann zerkleinert. Daher enthält die Kokosmilch in etwa so viele Nährstoffe wie Kokosfleisch.

Nicht alle Kokosmilchprodukte sind gleich. Sie sollten sich daher die Mühe machen, die Zutatenliste genau zu studieren. Kaufen Sie Kokosmilch ohne Zusatz- oder Konservierungsstoffe, vor allem ohne Zucker. Stellen Sie sicher, dass die Kokosmilch aus unraffiniertem Kokosfleisch in „Virgin"-Qualität hergestellt wurde. Sie können Kokosmilch mit unterschiedlichem Fettgehalt kaufen. Häufig wird Kokosmilch im Tetrapak verkauft. Diese ist etwas dünner, weil dem Kokosfleisch mehr Wasser zugesetzt wurde. Kokosmilch in Bio-Qualität hat gewöhnlich einen Wassergehalt, der deutlich unter 50 Prozent liegt und wird in Deutschland vorzugs- weise in Dosen verkauft. Sie wird zum Kochen und Backen verwendet, auch für Currys, und enthält aufgrund des Fettanteils vergleichsweise viele Kalorien. Wenn Sie Ihr Müsli lieber mit der leichteren Version aufgießen, sollten Sie die „Dosen- milch" mit etwas Kokoswasser mischen. Da das Kokosfett auf dem Dosenprodukt bei Temperaturen unter 27 °C aushärtet, können Sie es auch einfach abheben und den flüssigen Rest verwenden. Das köstlich schmeckende Kokosfett können Sie dann, verflüssigt, für alle Rezepte einsetzen, die Kokosöl erfordern. Oder Sie versuchen es mit der selbst gemachten fettarmen Kokosmilch von Seite 174.

Kokosmilch wird mitunter nicht aus frischem Kokosfleisch von bester Qualität hergestellt und mit Zusatzstoffen versetzt. Daher ist ein gründliches Studium der Angaben auf der Verpackung unerlässlich.

FÜR DIE GESUNDHEIT! Die Vorzüge von Kokosmilch

Gesunde Fette: Der hohe Fettgehalt der Kokosmilch versorgt uns mit mittelkettigen Fettsäuren, die langfristig sättigen und so den Heißhunger in Schach halten.

Milch ohne Milchprodukte: Sie haben eine Laktoseintoleranz oder leben vegan? Sie suchen eine pflanzliche Alternative zu Kuhmilch? Dann werden Sie Kokosmilch schätzen! Geben Sie sie in den Morgenkaffee, übers Frühstücksmüsli, in den Fruchtsmoothie oder in Suppen, Saucen und Eintöpfe.

Eisen: Das amerikanische Zentrum für die Vorbeugung von Krankheiten geht davon aus, dass Eisenmangel in den USA eine verbreitete Krankheit ist. Männer brauchen etwa 10 Milligramm Eisen täglich, Frauen im gebärfähigen Alter bis zu 20 Milligramm. Eine Menge von 240 Millilitern enthält 7,5 Milligramm Eisen. Das Spurenelement Eisen ist für Gehirn- und Muskelfunktion gleichermaßen wichtig. Es trägt zum Sauerstofftransport im Blut bei und ist daher für die Energieverfügbarkeit wichtig.

Folsäure: In 240 Millilitern Kokosmilch aus der Dose sind 31,6 Mikrogramm Folsäure enthalten, das sind etwa 8 Prozent des empfohlenen Tagesbedarfs. Folsäure ist für die Zellerneuerung des Körpers von Bedeutung, vor allem für schwangere Frauen. Dem *National Institute of Health* zufolge hilft Folsäure, DNS-Veränderungen vorzubeugen, die zu Krebs führen können.

Kokosmus und Kokosöl

Kokosöl und Kokosmus werden aus dem Fleisch der Kokosnüsse hergestellt. Gewöhnlich kann man sie gegeneinander austauschen, auch wenn es einen kleinen Unterschied gibt. Kokosöl ist das Öl, das aus dem Fleisch extrahiert wird. Es besteht also zu 100 Prozent aus Fett. Kokosbutter hingegen ist püriertes Kokosfleisch und hat einen Fettgehalt von etwa 65 Prozent. Beide Produkte sind sehr vielseitig in der Anwendung. Sie sind bei Zimmertemperatur fest, wenn sie leicht über Zimmertemperatur erhitzt werden, werden sie flüssig. Kokosbutter kann beim Backen anstelle von Butter eingesetzt werden und schmeckt großartig als Brotaufstrich. Sie finden beide Produkte im Laden bei den Fetten und Ölen. Am besten nehmen Sie unraffinierte Produkte in Rohkostqualität, ganz gleich ob Sie Kokosmus oder Kokosöl verwenden wollen.

Die Ernährungswissenschaftlerin Dr. Mary Enig meinte bei einer Vorlesung in Vietnam, dass „die Vorstellung, Kokosfett sei ungesund, vor vierzig Jahren entstanden ist, als Wissenschaftler Tieren gehärtetes Kokosfett zu fressen gaben. Die Tiere entwickelten einen Mangel an essentiellen Fettsäuren und das Cholesterin im Blut stieg an. Jede Ernährungsform, die diesen Mangel aufweist, führt am Ende zu erhöhten Cholesterinwerten. Offensichtlich geht der Effekt auf die Wasserstoffanreicherung der Fette zurück – entweder weil es diesen an essentiellen Fettsäuren fehlt oder zu viele Transfette vorhanden sind." So entstand der schlechte Ruf des Kokosfetts, der uns so lange erhalten blieb, obwohl Kokosöl ein recht gesundes Fett ist, wie die zahlreichen hier zitierten Studien zeigen. Die Kokosnuss ist sogar ein Superfood!

FÜR DIE GESUNDHEIT!
Die Vorzüge von Kokosmus und Kokosöl

Kokosmus und Kokosöl haben ähnliche gesundheitliche Vorzüge wie Kokosfleisch, da beide aus dem Fleisch der Kokosnuss gewonnen werden. Wie Sie Kokosmus und Kokosöl kosmetisch einsetzen, finden Sie im Folgenden:

Schuppenverminderung: Massieren Sie Ihre trockene Kopfhaut mit Kokosöl ein, so können Sie Schuppen reduzieren. Nehmen Sie wirklich nur eine kleine Menge, sonst sieht Ihr Haar bald fettig aus.

Augenmake-up-Entferner: Kokosöl ist wunderbar zum Entfernen von Make-up geeignet, vor allem an der sensiblen Haut um die Augen, wo seine Anti-Aging-Inhaltsstoffe besonders gut wirken. Vitamin C fördert die Kollagenbildung, während Vitamin E ein starkes Antioxidans ist.

Sonnenschutz davor: Kokosöl blockt die Strahlen nicht ab, doch seine antioxidativen Eigenschaften beugen Sonnenbrand vor.

Sonnenschutz danach und natürlicher Feuchtigkeitseffekt: Sie waren zu lange in der Sonne? Kokosöl dringt sehr schnell in die Zellen ein, wo es die sonnengeschädigte Haut repariert. Vitamin C wirkt ebenfalls heilsam bei Schäden durch zu viel Sonneneinstrahlung.

Kokosblütenzucker

Kokosblütenzucker ist der Saft der Kokospalmenblüte und wird seit Jahrtausenden als natürliches Süßungsmittel in all jenen Regionen verwendet, wo die Kokospalme so reichlich wächst.

Kokosblütenzucker sieht aus wie brauner Rohrzucker. Wie dieser schmeckt er leicht nach Karamell. Er enthält zahlreiche Mineralstoffe, unter anderem Kalium, Magnesium, Zink und Eisen. Dazu kommen die Vitamine B_1, B_2, B_3 und B_6. Im Vergleich zu kommerziellem braunem Zucker enthält Kokosblütenzucker 36-mal mehr Eisen, 4-mal mehr Magnesium und 10-mal mehr Zink.

Kokosblütenzucker ist ein niedrig glykämisches Nahrungsmittel, im Gegensatz zu raffiniertem weißem Zucker, der einen hohen Glyx hat. Das *Food and Nutrition Research Institute* erläutert: „Der glykämische Index (Glyx) gibt an, wie schnell der Organismus ein kohlehydrathaltiges Lebensmittel verdaut und als Zucker ins Blut abgibt." Das *Food and Nutrition Research Institute* hat eine Studie durchgeführt, um den glykämischen Index von Kokosblütenzucker zu testen. Dieser lag bei einem Wert von 35, was ihn zu einem niedrigglykämischen Lebensmittel macht.

Aus diesem Grund hat Kokosblütenzucker eine gewisse Beliebtheit erlangt – vor allem bei Diabetikern. Er lässt den Blutzuckerspiegel nicht so leicht ansteigen wie ein hochglykämisches Nahrungsmittel.

Wenn Sie Ihre Einkäufe tätigen, finden Sie „Kokoszucker", „Palmzucker" und „Kokosblütenzucker". Was ist der Unterschied? Kokoszucker und Kokosblütenzucker sind beide Palmzucker, doch nicht jeder Palmzucker ist auch Kokosblütenzucker.

Es gibt viele unterschiedliche Palmensorten und auch verschiedene Kokospalmen. Wenn Sie Palmzucker kaufen, können Sie auch Zucker von der Dattel- oder der Palmyrapalme bekommen. Nicht jeder Palmzucker ist Kokoszucker. Kokoszucker und Kokosblütenzucker werden ausschließlich aus dem Saft von Kokospalmen gewonnen. Der Zucker anderer Palmen kommt aus anderen Regionen und hat eine andere Konsistenz. Achten Sie darauf, dass Ihr Zucker zu 100 Prozent von der

Kokospalme kommt und möglichst aus biologisch-organischem Anbau stammt. Nur dann können Sie sicher sein, auch die ganzen Nährstoffe dieses köstlichen Zuckers zu erhalten. In der folgenden Tabelle finden Sie die Nährwertangaben zu verschiedenen Süßungsmitteln im Vergleich zum Kokosblütenzucker.

Makro-Nährstoffe, (mg/100 gm)	Kokos-blüten-zucker	Agaven-sirup	Honig	Ahorn-sirup	Rohr-zucker	raffin. weißer Zucker
Stickstoff (N)	202	k.A.	k.A.	k.A	10	0
Phosphor (P)	79	7	4	2	3	0
Kalium (K)	1030	1	52	234	65	2,5
Kalzium (Ca)	8	1,5	6	67	24	6
Magnesium (Mg)	29	1	2	14	7	1
Natrium (Na)	45	1	4	9	2	1
Chlor (Cl)	470	k.A	k.A	k.A	16	10
Schwefel (S)	26	k.A	k.A	k.A	13	2
Bor (B)	0,6	k.A	k.A	k.A	0	0
Zink (Zn)	2	0,2	0,2	4,2	0,2	0,1
Mangan (Mn)	0,1	0,1	0,1	3,3	0,2	0
Eisen (Fe)	2	1	0,4	1,2	1,26	0,1
Kupfer (Cu)	0.23	0,1	0	0,1	0	0
Thiamin	0,41	0	0	0	0	0
Vitamin C	23,4	0,5	0,5	0	0	0

Quelle: *Food and Nutrition Research Institute, www.fnri.dost.gov.ph*

FÜR DIE GESUNDHEIT! Die Vorzüge von Kokosblütenzucker

Eisen: Eisen ist ein wichtiger Nährstoff für die Gehirn- und Muskelfunktion. Es fungiert als Sauerstoffträger und ist daher ein für den Energiestoffwechsel entscheidende Komponente.

Magnesium: Magnesium hilft, den Blutdruck zu regulieren. Es wirkt unterstützend bei Migräne, Schlaflosigkeit und depressiver Verstimmung. Außerdem senkt es das Risiko für Herzkrankheiten.

Kalium: Kalium spielt im Flüssigkeitshaushalt des Körpers eine wichtige Rolle. Von diesem hängt unsere Muskelstärke und -funktion ebenso ab wie die Kommunikation der Zellen untereinander.

Zink: Zink ist für ein gesundes Immunsystem wichtig.

Niedriger glykämischer Index: Der Glyx von Kokosblütenzucker liegt bei 35, er ist also ein Nahrungsmittel, das den Blutzuckerspiegel weniger schnell ansteigen lässt als z. B. weißer Raffineriezucker.

Reich an Aminosäuren: Kokosblütenzucker enthält 16 der 20 Standardaminosäuren, vor allem viel Glutamin. Dies ist wichtig für das Funktionieren unseres Stoffwechsels. Das Medical Center der *University of Maryland* geht davon aus, dass Glutamin bei der Wundheilung nützlich ist, das Immunsystem unterstützt und lindernd auf das Reizdarmsyndrom wirkt. Es wird bei der Behandlung von AIDS-Patienten eingesetzt und möglicherweise auch bald bei der Behandlung von Krebs.

Kokosmehl

Kokosmehl besteht aus gemahlenem Kokosfleisch und ist eine hypoallergene, glutenfreie Alternative zu Weizenmehl und anderen Auszugsmehlen. Es hat einen hohen Ballaststoffanteil. Kokosmehl kann zusammen mit anderen Mehlen verwendet werden. Ersetzen Sie in Ihren Rezepten einfach 10 bis 30 Prozent des Mehls durch Kokosmehl. Achten Sie darauf, dass Sie dem Gewicht des Kokosmehls entsprechend mehr Flüssigkeit zugeben und mit Eiweiß für mehr Bindekraft sorgen müssen. Kühl, trocken und dunkel aufbewahrt, hält es gut ein Jahr.

FÜR DIE GESUNDHEIT Die Vorzüge von Kokosmehl

Ballaststoffe: Kokosmehl hat etwa doppelt so viele Ballaststoffe wie Weizenvollkornmehl. Tägliche Ballaststoffzufuhr erhält den Darm gesund, sorgt für regelmäßigen Stuhlgang und kann so das Darmkrebsrisiko senken.

Geringerer Einfluss auf den Blutzuckerspiegel: Da Kokosmehl viele Ballaststoffe und wenig leicht verdauliche Kohlehydrate enthält, lässt es den Blutzuckerspiegel nicht so in die Höhe schießen und ist gut geeignet für eine Ernährung, die darauf Rücksicht nimmt, z. B. bei Diabetikern.

Natürlich glutenfrei: Wer unter Zöliakie oder Gluten-Allergie leidet, für den ist Kokosmehl eine prima Alternative für leckere Cookies, Cupcakes und Pfannkuchen.

Gut zum Andicken: Kokosmehl schmeckt süß und nimmt schnell Flüssigkeit auf. Sie können es zum Andicken von Suppen und Saucen verwenden.

Unverfälschte Kokosnuss

Da die Kokosnuss immer beliebter wird, kommen auch Kokosprodukte auf den Markt, die sich in ihrer Qualität sehr unterscheiden. Achten Sie darauf, dass die Kokosnüsse aus biologischem Anbau stammen und dass die Produkte nicht mit Zucker aufgepeppt worden sind, wie das häufig bei Kokoschips und Kokosmilch der Fall ist. Auch sollten die Nüsse frisch verarbeitet worden sein. Prüfen Sie, ob der Hersteller dazu Angaben macht. Sehr gute Ware erhalten Sie in Naturkostläden, Bio-Supermärkten und bei Spezialversendern im Internet. Kaufen Sie dort biologische, natürliche, ungesüßte und nicht gehärtete Kokosprodukte.

Wie viel Kokos braucht der Mensch?

Wenn Sie die gesundheitlichen Vorzüge der mittelkettigen Fettsäuren (MKT) in Kokosprodukten für ein besseres Leben nutzen wollen, sollten Sie wissen, wie viel von welchem Produkt dieselbe Menge an MKTs enthält. Dann kommt Abwechslung in den Speiseplan und Sie können sich tatsächlich mit Kokosnuss fit halten.

Ihre tägliche „Ration" der köstlichen Nuss
3–4 EL Kokosöl in Rohkostqualität
Etwa 200 g frisches Kokosfleisch (etwa 1/2 Kokosnuss)
230 g Kokosraspel oder Kokoschips
280 ml Kokosmilch

Quelle: Bruce Fife, *Kokosöl – Das Geheimnis gesunder Zellen,* Rottenburg 2013

Kokos: lecker & gesund

Creme Chantilly aus Kokos

Diese Kokosversion der Creme Chantilly ist leichter als die ursprüngliche Version (siehe Seite 176). Diese hier ist umwerfend verführerisch!

400 ml Kokosmilch (aus der Dose)
Mark von ¼ Vanilleschote

Die Dose umgedreht im Kühlschrank einige Stunden, besser noch über Nacht, stehen lassen und kühlen.

Danach vorsichtig öffnen. Da das Fett sich nun auf dem Boden abgesetzt hat, können Sie die Flüssigkeit abgießen und für andere Zwecke (z. B. für Smoothies) aufbewahren.

Die dicke weiße Kokosfettschicht in eine Schüssel mittlerer Größe geben. Das Vanillemark dazugeben und mit dem Schneebesen so lange rühren, bis die Kokossahne fest ist. In einem luftdicht verschlossenen Behälter im Kühlschrank aufbewahren. Die Kokossahne hält sich etwa 3 Tage. Gekühlt servieren.

Ergibt etwa 120 Gramm

Schoko-Kokos-Chia-Pudding

Dies ist ein süßes, gehaltvolles Dessert, das dem Körper zahlreiche Nährstoffe schenkt. Es enthält Kokosnuss, Chiasamen, Ahornsirup und roh-köstlichen Kakao. Sollten Sie Letzteren nicht zur Hand haben, ersetzen Sie ihn durch ungesüßtes Kakaopulver.

2 EL Ahornsirup

1–2 TL Wasser

240 ml Kokosmilch

240 ml Mandelmilch mit Vanille-geschmack, ungesüßt

¼ TL gemahlener Zimt

1 EL Kakaopulver, ungesüßt, in Rohkostqualität

50 g Chiasamen

Geben Sie den Ahornsirup und 1 Teelöffel Wasser in eine mittelgroße Schüssel und verrühren Sie beides mit dem Schneebesen zu einem dünn-flüssigen Sirup. Wenn nötig, noch bis zu 1 Teelöffel Wasser zugeben.

Kokos- und Mandelmilch einrühren. Zimt mit dem Schneebesen gründlich verrühren.

Das Kakaopulver dazugeben und erneut mit dem Schneebesen gründlich verrühren.

Am Schluss rühren Sie die Chiasamen in die Puddingmischung.

4 Stunden, besser noch über Nacht, stehen lassen, damit der Pudding eindicken kann. Gekühlt servieren.

Ergibt 2 Portionen

Heidelbeer-Kokos-Dattel-Shake

Dieser Shake ist so köstlich, dass Sie davon mit Sicherheit nichts abgeben wollen. Die Datteln verleihen ihm ein ungewohnt feines Aroma, die Kokosnuss eine cremige Beschaffenheit. Himmlisch gut und gesund!

240 ml Kokosmilch light, ungesüßt
40 g Heidelbeeren
4 Datteln, entkernt und klein gehackt
1 mittelgroße Banane, tiefgefroren
Saft von ½ Limette
1 Prise Meersalz

Alle Zutaten in einen guten Mixer geben und glatt pürieren. Sofort servieren.

Ergibt 1 Portion

Kürbis-Pie-Kokos-Smoothie

Eigentlich ein wunderbares Herbstgericht, aber ich garantiere Ihnen, dass Sie es dabei nicht belassen wollen. Der Smoothie steckt voller Vitamin A und immunstärkender Gewürze.

240 ml Kokosmilch light, ungesüßt

120–240 ml kaltes Wasser (wahlweise)

1 mittelgroße Banane

80 g Kürbismus in Bio-Qualität oder 80 g bissfest gegarter Hokkaido-Kürbis

2½ EL pflanzliches Proteinpulver in Rohkostqualität

1 EL gemahlene Leinsamen

1 TL Ahornsirup

¼ TL Lebkuchengewürz

3–4 Eiswürfel

Alle Zutaten in einen guten Mixer geben und glatt pürieren. Sofort servieren.

Ergibt 1 Portion

Kokos-Mayonnaise

Mayonnaise ist sehr energiereich. Es wäre doch schade, wenn so wenig Nährwert darin stecken würde! Diese Kokos-Mayonnaise können Sie ohne schlechtes Gewissen zu Salaten, Sandwiches oder Burritos (siehe Seite 78 und 138) reichen.

1 EL gemahlene Leinsamen
45 ml warmes Wasser
1 EL Apfelessig
1½ TL Dijonsenf
¼ TL Paprikapulver
¼ TL Meersalz
280 g Kokosöl in Rohkostqualität, flüssig

Rühren Sie die Leinsamen (als Ei-Ersatz) mit warmem Wasser an und lassen Sie sie etwa 1 Minute quellen. Geben Sie Leinsamen, Apfelessig, Senf, Paprika und Salz in den Mixer. Lassen Sie den Mixer auf niedriger Stufe laufen und lassen Sie 60 Milliliter flüssiges Kokosöl in möglichst dünnem Faden einlaufen. Schalten Sie den Mixer aus, schaben Sie die Seitenwände mit einem Spatel ab, damit die gesamte Leinsamen-Gewürz-Masse mit dem Öl vermengt wird. Schalten Sie den Mixer wieder ein und wiederholen Sie den Vorgang, bis das Kokosöl verbraucht ist. Nun haben Sie eine schöne, glatte Mayonnaise. Bewahren Sie diese in einem luftdicht verschließbaren Glasbehälter im Kühlschrank auf. Vor der Verwendung bei Zimmertemperatur wieder weich werden lassen.

Ergibt 340 Gramm

Kokos-Coleslaw

Dieser Krautsalat ist die perfekte Begleitung zur Grillparty. Servieren Sie ihn zu einem sättigenden Bohnengericht und reichen Sie Quinoa oder Süßkartoffeln dazu. Schmeckt auch toll mit Mandelstifen, Cashewbruch oder gehackten Pistazien – geröstet oder ungeröstet.

180 g Rotkohl, in feine Streifen geschnitten

180 g Weißkohl, in feine Streifen geschnitten

1 Stängel Staudensellerie, in feine Ringe geschnitten

2 EL rote Zwiebeln, fein gehackt

Saft von 1 kleinen Limette

1 Prise Meersalz

120 ml Kokosmilch

Kohlstreifen, Sellerie, Zwiebeln, Limettensaft und Salz in einer großen Schüssel gründlich vermengen, bis alles schön durchmischt ist.

Die flüssige Kokosmilch darübergeben und gründlich unterheben.

In einen Glaskrug oder eine große Schüssel geben. Zudecken und im Kühlschrank 12 bis 24 Stunden durchziehen lassen. Gekühlt servieren.

Ergibt 5 Portionen

Karottenpizza mit Rucola, Karamell-zwiebeln und gerösteten Walnüssen

Pizza soll nicht gesund sein? Das gilt vielleicht für die üblichen Fast-food-Versionen, aber diese hier ...

2 EL Kokosöl in Rohkostqualität, flüssig

½ weiße Zwiebel, in Ringe geschnitten

½ Kopf Blumenkohl, in kleine Röschen zerteilt

Meersalz und frisch gemahlener Pfeffer (nach Belieben)

100 g Walnüsse in Bio-Qualität

1 EL Ahornsirup

70 g feines Karottenmus in Bio-Qualität

1 TL Knoblauch, klein gehackt

etwa 450 g Vollkornpizzateig

100 g schwarze Oliven, entsteint und in Scheiben geschnitten

3 kleine Paprikaschoten (nach Mög-lichkeit in Orange, Rot und Gelb), klein gehackt

2 Handvoll grüne Sprossen

½ TL Kokosöl in Rohkostqualität

Balsamico-Essig zum Würzen

Chiliflocken zum Abschmecken

Backofen auf 220 °C (Gas Stufe 7) vorheizen. 1 Esslöffel Kokosöl in einer kleinen Pfanne erhitzen. Zwiebelringe darin 15 bis 20 Minuten anbraten.

Die Blumenkohlröschen mit 1 Esslöffel Kokosöl einreiben. Mit Pfeffer und Salz würzen und auf einem Backblech etwa 10 Minuten leicht braun rösten.

Walnüsse gleichmäßig mit Ahornsirup bestreichen. Nüsse in einer Lage auf dem Backblech verteilen und im Backofen etwa 8 Minuten hell anrösten. Karotten-mus in eine kleine Schüssel geben, den fein gehackten Knoblauch unterrühren.

Wenn Blumenkohl und Walnüsse fertig sind, den Backofen auf 250 °C (Gas Stufe 10) schalten. Den Pizzateig auf einem beschichteten Backblech etwa 7 Minuten goldbraun backen. Abkühlen lassen.

Den Teig mit Karottensauce bestreichen. Zwiebeln, Blumenkohl, Walnüsse, Oliven und Paprika darauf anrichten. Weitere 7 Minuten backen. Zum Schluss Spros-sen mit Essig und Kokosöl verrühren und über die Pizza verteilen. Chiliflocken darüberstreuen und servieren.

Ergibt 2 bis 4 Portionen

Kokos-„Speck"

Amerikaner lieben Speck! Versuchen Sie mal diese vegane, schlanke und herzgesunde Variante. Sie werden erstaunt sein, wie nah dies dem Original kommt. Schmeckt köstlich auf Salat! Das Räucheraroma gibt's in allen Läden mit Grillzubehör.

1½ TL Tamari
1½ TL Ahornsirup
1½ TL Wasser
150 g Kokoschips, ungesüßt, in Bio-Qualität
1½ Teelöffel Kokosöl in Rohkostqualität

Den Backofen auf 170 °C (Gas Stufe 3) vorheizen.

In einer mittelgroßen Schüssel Tamari, Ahornsirup und Wasser verrühren, bis eine homogene Marinade entsteht. Kokoschips zu der Mischung geben und so unterheben, dass die Marinade sich gleichmäßig verteilt.

Ein Backblech mit Kokosöl einstreichen, die Kokoschips daraufgeben und 20 bis 25 Minuten backen. Mit einem Spatel den Kokos-„Speck" alle 5 bis 8 Minuten wenden. Aufpassen, dass er nicht verbrennt, was leicht passiert.

Abkühlen lassen und in einem luftdicht verschließbaren Behälter in den Kühlschrank stellen. Bis zu 3 Tagen haltbar.

Ergibt 10 Portionen

Kokos-Sahne-Spinat

Diese leckere Gemüsebeilage werden sogar Kinder lieben. Die Kokosmilch verbindet sich wunderbar mit den Aromen von Knoblauch, Zwiebeln und Pfeffer.

1 EL Kokosöl in Rohkostqualität
1 kleine Zwiebel, fein gehackt
2 Knoblauchzehen, fein gehackt
500 g Spinatblätter
120 ml Kokosmilch
1 Prise Meersalz
frisch gemahlener schwarzer Pfeffer (nach Belieben)

Das Kokosöl in einer mittelgroßen Pfanne bei mittlerer Hitze erwärmen. Zwiebel und Knoblauch hineingeben und unter gelegentlichem Rühren 15 bis 20 Minuten braten, bis beides goldbraun ist.

Immer wieder eine Handvoll Spinat hinzugeben und zusammenfallen lassen. Wenn der Spinat weich ist, mit der Kokosmilch aufgießen. Weitere 2 bis 3 Minuten köcheln lassen, gelegentlich umrühren. Mit Salz und Pfeffer abschmecken. Sofort servieren.

Ergibt 8 Portionen

Erdbeer-Kokos-Eiscreme

Machen Sie aus diesem Sommergericht ein Eis zum Löffeln oder – mit entsprechenden Formen – eines zum Schlecken: frei von Milch- und Sojaprodukten, frei von Gluten und einfach köstlich!

800 ml Kokosmilch
500 g Erdbeeren, tiefgekühlt
100 g Kokosblütenzucker in Rohkost-
  qualität
Mark von ½ Vanilleschote
frische Erdbeeren zum Garnieren

Kokosmilch, tiefgekühlte Erdbeeren, Kokosblütenzucker und Vanille in einen guten Mixer geben und gut pürieren. In eine 20 oder 23 Zentimeter lange Kastenform geben und im Gefrierschrank mindestens 2 Stunden fest werden lassen.

Vor dem Servieren die Eiscreme kurz auftauen lassen, damit sie stichfest wird. Frisch aus dem Gefrierschrank ist sie sehr fest. Mit frischen Erdbeeren garniert servieren.

Ergibt 6 bis 8 Portionen

Kokos-Zucchini-Brot

Zucchini-Brot ist unglaublich saftig. Hier verwendet man statt Butter und Zucker eben Kokosmus und Kokosblütenzucker. Mit erstaunlichen Ergebnissen!

1–2 TL Kokosöl in Rohkostqualität

1 EL gemahlene Leinsamen

45 ml warmes Wasser

125 g Vollweizenmehl

¾ TL Natriumbicarbonat

½ TL Weinsteinbackpulver

½ TL Meersalz

½ TL gemahlener Zimt

¼ TL Muskatnusspulver

150 g Kokosblütenzucker in Rohkostqualität

180 g Zucchini, geraspelt

80–120 ml Mandelmilch, ungesüßt

Mark von ¼ Vanilleschote

75 g weiches rohes Kokosmus in Bio-Qualität

60 g Kokosraspel, ungesüßt, in Bio-Qualität

Den Backofen auf 180 °C (Gas Stufe 4) vorheizen. Eine Kastenform (13 × 23 Zentimeter) mit Kokosmus einfetten.

Leinsamen (als Ei-Ersatz) mit dem warmen Wasser in einer kleinen Schüssel verrühren. Quellen lassen. In einer großen Schüssel Mehl, Natriumbicarbonat, Backpulver, Salz, Zimt und Muskat verrühren. Beiseite stellen.

In einer mittelgroßen Schüssel Kokosblütenzucker, Leinsamen, Zucchini, Mandelmilch und Vanille gut verrühren. Das weiche Kokosmus zugeben und erneut durchrühren. Die feuchten Zutaten zum Mehl geben und zu einer homogenen Masse verrühren. Kokosraspel unterziehen. Teig in die Kastenform gießen und 50 bis 60 Minuten backen. Wird das Brot an der Oberfläche zu schnell braun, mit Alufolie abdecken. Lassen Sie das Brot 10 Minten abkühlen, bevor Sie es aus der Form nehmen. Auf einem Kuchengitter ganz auskühlen lassen. Reste in Plastikfolie einschlagen und im Kühlschrank aufbewahren.

Ergibt 8 bis 10 Portionen

Hausgemachte Kokosmilch

Gekaufte Kokosmilch schmeckt meist wunderbar, doch wenn Sie sich selbst daran wagen wollen, dann ist dieses Rezept genau das richtige für Sie. Anders als die Kokosmilch aus der Dose ist diese fettarm und leicht. Sie können sie am Morgen über Ihr Müsli gießen. Auch hier setzt sich oben Fett ab, wenn die Umgebungstemperatur unter 27 °C liegt. Sie können die Milch im Wasserbad leicht erwärmen, dann verschmelzen Fett und Milch wieder. Oder Sie verspeisen das Fett einfach. (Erwischt!)

700 ml Wasser
60 g Kokosraspel, ungesüßt, in
   Bio-Qualität

Das Wasser in einem großen Topf zum Kochen bringen.

In der Zwischenzeit die Kokosraspel in einem guten Mixer oder in der Küchenmaschine zerkleinern. Achten Sie darauf, dass kein feines Mehl daraus wird.

Das kochende Wasser ein wenig abkühlen lassen. Dann jeweils 240 Milliliter in den Mixer geben und mit der Pulse-Funktion einarbeiten. Drücken Sie den Pulse-Knopf höchstens ein paar Sekunden lang. Dann geben Sie die nächste Tasse Wasser dazu, bis alles aufgebraucht ist.

Nun haben Sie Ihre hausgemachte Kokosmilch! Sie hält sich im Kühlschrank bis zu 1 Woche. Servieren Sie sie gekühlt.

Ergibt 960 Milliliter

Hausgemachtes Kokosmehl

Wenn Sie von der Kokosmilch-Zubereitung noch zerkleinerte Kokosraspel übrig haben, machen Sie daraus doch Mehl zum Backen. Der feine Geschmack ist unvergleichlich, und der Körper freut sich über das Plus an Vitaminen, Mineral- und Ballaststoffen.

360 ml zerkleinerte Kokosraspel (von der Kokosmilchzubereitung, Seite 174)

Den Backofen auf 80 °C (Gas Stufe 3) vorheizen. Wählen Sie die niedrigste Temperatur, die Ihr Ofen zu bieten hat. Noch besser gelingt das Mehl im Dörrgerät. Legen Sie ein Backblech mit Küchenpapier aus.

Streichen Sie den Kokosbrei darauf aus. Schieben Sie ihn in den Backofen und trocknen Sie ihn bei niedriger Temperatur etwa 45 bis 60 Minuten lang. Wenn die Masse ganz getrocknet ist, geben Sie sie in den Mixer und verarbeiten sie zu feinem Mehl.

In einem luftdicht verschließbaren Behälter an einem kühlen, dunklen, trockenen Ort hält sich das Kokosmehl bis zu 1 Jahr.

Ergibt etwa 185 Gramm

Hausgemachte Kokoscreme

Kokoscreme ist ein gesunder Ersatz für Sahne aus Kuhmilch. Hierfür sollten Sie allerdings keine reife Kokosnuss verwenden, weil deren Fleisch nicht weich genug ist. Frische Trink-Kokosnüsse erhalten Sie im Asia-Shop oder im Internet. Sie halten sich im Kühlschrank etwa eine Woche.

**1 frische, junge Kokosnuss
(etwa 1½ kg)**

Öffnen Sie die Kokosnuss (siehe dazu Seite 181).

Gießen Sie das Kokoswasser in einen Glasbehälter (z. B. ein Einweckglas) und bewahren Sie es im Kühlschrank für späteren Gebrauch (z. B. in Smoothies) auf.

Mit einem Spatel das frische Fleisch im Innern der Nuss von der holzigen Schale lockern. Gehen Sie dabei im Uhrzeigersinn vor und achten Sie darauf, dass Sie das gesamte Fleisch anheben. Nun können Sie es entweder mit der Hand oder mit dem Löffel herausholen.

Geben Sie das weiche Fleisch in einen Mixer und rühren Sie es cremig. Nun haben Sie Ihre eigene Kokoscreme! In einem luftdicht verschließbaren Behälter im Kühlschrank hält sie sich bis zu 1 Woche.

Ergibt 240 Milliliter

Hausgemachte Kokosraspel

Kokosraspel sind unglaublich vielseitig. Sie können sie zum Backen verwenden, ins Müsli geben, zu Energieriegeln verarbeiten oder Ihr Curry damit anreichern. Oder Sie essen die Leckerei einfach so. Ich verwende für alle Rezepte in diesem Buch ungesüßte Kokosraspel. Nehmen Sie bitte keine junge Kokosnuss dafür, deren Fleisch wäre zu weich.

1 frische, reife Kokosnuss (etwa 1½ kg)

Öffnen Sie die Kokosnuss (siehe dazu Seite 181).

Gießen Sie das Kokoswasser in einen fest verschließbaren Glasbehälter und bewahren Sie ihn im Kühlschrank zur späteren Verwendung auf.

Verwenden Sie ein schweres Fleischermesser oder ein Küchenbeil, um die Kokosnuss in 4 bis 5 Stücke zu zerteilen.

Achten Sie darauf, wo Sie die andere Hand haben, wenn Sie zuschlagen. Mit einem kleineren Messer können Sie nun das Fleisch von der Schale lösen.

Geben Sie das Fleisch in eine Küchenmaschine und verarbeiten Sie es mit der Pulse-Funktion zu groben oder feineren Raspeln.

Bewahren Sie die Kokosraspel in einem fest verschließbaren Glasbehälter im Kühlschrank auf. Sie halten sich etwa 1 Woche.

Ergibt etwa 120 Gramm

KAPITEL 7

Das Kokosnuss-ABC – auswählen, vorbereiten und aufbewahren

Wer eine frische Kokosnuss haben möchte, klettert zu diesem Zweck beispielsweise auf den Pazifik-Inseln auf eine Palme. Aber Spaß beiseite: Hierzulande müssen wir Kokosnüsse im Laden käuflich erwerben. Meist ist die Kokosnuss das ganze Jahr über verfügbar, doch Saison im eigentlichen Sinne ist von Oktober bis Dezember.

Kokosraspel oder -chips finden Sie meist bei den Backwaren. Achten Sie darauf, möglichst naturbelassene, ungesüßte Bio-Ware zu bekommen, die es heute auch schon im Supermarkt gibt. Ansonsten sind Reformhäuser, Naturkostläden und Bio-Supermärkte die beste Anlaufstelle.

Auch bei Kokosblütenzucker sollten Sie auf organischen Anbau und schonende Trocknung achten. Wenn Sie bei Ihrem Lebensmittelhändler nicht erste Qualität finden, sollten Sie ebenfalls einen Naturkostladen aufsuchen oder im Internet bestellen.

Dasselbe gilt für Kokosmilch in der Dose. Kokoswasser sollte möglichst ungezuckert und ohne künstliche Aromstoffe sein. Beides finden Sie im Übrigen auch in Asia-Läden.

Kokosmus und Kokosöl sollten Sie nur aus Kaltpressung kaufen. Kokosmus, im Englischen „coconut butter", ist das feine Fleisch gerade geernteter und zu Mus verarbeiteter Kokosnüsse. Frische junge Trink-Kokosnüsse gibt es im Asia-Laden oder im Internet.

Weitere Bezugsquellen für diverse Kokosprodukte finden Sie auf Seite 185.

Was bedeutet „nativ", „kalt gepresst" und „unraffiniert"?

Die Verarbeitung von Nahrungsmitteln hat Einfluss auf deren Nährwert. Das sollten wir uns klar machen, wenn wir Lebensmittel kaufen. Wenn Sie sich also im Laden auf die Suche nach Kokosprodukten machen, stoßen Sie unweigerlich auf bestimmte Begriffe wie *nativ, unraffiniert, raffiniert* und *kalt gepresst*. Natürlich müssen Sie für eine kluge Entscheidung wissen, was die einzelnen Begriffe bedeuten.

Natives Kokosöl oder *extra virgin Kokosöl* heißt, dass das Öl naturbelassen ist und nicht verarbeitet wurde. Diese Art von Kokosöl wurde nicht gebleicht, raffiniert oder mit Konservierungsstoffen versetzt. Daher nennt man es mitunter auch *unraffiniertes Kokosöl*.

Raffiniertes Kokosöl hingegen wird bei großer Hitze gebleicht und konserviert. Dadurch geht der Hersteller kein Risiko ein, was eventuell enthaltene Erreger oder Bakterien angeht. Damit es sich im Laden besser hält, setzt man dem Öl häufig Natriumhydroxid zu. Raffinierte Kokosöle enthalten auch gehärtete Fette, was sie ebenfalls länger haltbar macht. Aus diesen Gründen sollten Sie auf raffiniertes Kokosöl verzichten.

Kalt gepresstes Kokosöl wird durch mechanische Pressung gewonnen. Das geht nicht ohne Wärme, auch wenn die Temperatur dabei nicht über 45 °C ansteigen darf. Bei diesem Öl bleiben also mehr Wirkstoffe erhalten als bei raffiniertem Öl.

Was bedeutet „Rohkostqualität"?

Der Begriff *Rohkostqualität* bedeutet, dass das fragliche Nahrungsmittel keine chemischen Zusatzstoffe aufweist, dass es nicht aus gentechnisch veränderten Zutaten
besteht, dass es nicht gehärtet wurde und nicht über 42 °C erhitzt wurde. Sarma
Melngailis führt in ihrem Buch *Living Raw Food* aus: „Beim Kochprozess und der
industriellen Weiterverarbeitung von Lebensmitteln werden Vitamin- und Mineral-
stoffreichtum beeinträchtigt, wodurch der Körper sie nicht mehr so gut aufnehmen
kann. Die Nahrung büßt ihre gesundheitsfördernde Qualität ein."

In den Rezepten dieses Buchs verwende ich deshalb nur Kokosöl und -mus in
Rohkostqualität. Denn auch kalt gepresste Öle werden über 40 °C erhitzt. Achten
Sie also genau auf die Etiketten Ihrer Kokosprodukte: Sie sollten aus *biologischem
Anbau* stammen und zumindest *unraffiniert*, möglichst aber *rohköstlich* sein.

Wie Sie eine Kokosnuss öffnen

Ganze Kokosnüsse sind schwer zu öffnen. Am besten benutzen Sie dazu ein
Küchenbeil. Auch junge Trink-Kokosnüsse können Sie mit dieser Technik öffnen:
Benutzen Sie am besten nur eine Hand und halten Sie die andere hinter dem Rücken,
wo sie „in Sicherheit" ist. Legen Sie die Kokosnuss auf ein gefaltetes Küchentuch,
sodass sie nicht wegrutscht. Schlagen Sie nun mit ca. vier Hieben einen Deckel ab.
Setzen Sie dafür den ersten Schlag an der Spitze, dann drehen Sie die Kokosnuss
und wiederholen den Vorgang, bis sie einen quadratischen Deckel haben, den Sie
abnehmen können. Verschütten Sie das kostbare und wohlschmeckende Kokoswasser nicht! Sie können es im Kühlschrank in einem fest verschließbaren Glasgefäß
für die spätere Verwendung aufbewahren. Smoothies schmecken damit ganz köstlich. Oder Sie trinken es frisch: Yam, yam!

Ein anderer Weg ist, sich die „Augen" der Kokosnuss zu suchen: eine Ansammlung von dunklen, kleinen, leicht eingedellten Stellen an der Nuss. Stechen Sie eines dieser Augen mit dem Schraubenzieher an oder mit einem Eispickel und einem Hammer. Gießen Sie das Kokoswasser durch das offene Auge aus. Dann ziehen Sie mit Kreide oder einem Marker eine vom Loch ausgehende kreisrunde Linie um das eine Ende. Schlagen Sie nun mit einem Küchenbeil oder einem schweren Küchenmesser entlang dieser Linie um die auf dem Küchentuch liegende Kokosnuss. Drehen Sie die Nuss und wiederholen Sie diesen Vorgang, bis sie den kreisrunden Deckel abheben können. Dies ist normalerweise nach wenigen Hieben der Fall.

Lösen Sie das Fleisch der Kokosnuss mit einem Spatel oder einem breiten Messer von der Schale. Eine junge Kokosnuss hat eine weiche, gekochtem Eiweiß ähnliche Beschaffenheit, eine reife Kokosnuss hat festes Fleisch. Wenn die Kokosnuss geöffnet ist, sollten Sie all Ihre Bestandteile im Kühlschrank aufbewahren.

Haltbarkeit und Aufbewahrung der Kokosnuss

- Selbst gemachte, ungesüßte Kokosraspel oder -chips (siehe Seite 177) werden im Kühlschrank aufbewahrt. Sie halten sich etwa 1 Woche.
- Frisches Kokoswasser kann im Kühlschrank bis zu 4 Tage lang aufbewahrt werden.
- Kokosmilch in der Dose hält sehr viel länger. Normalerweise gibt die Packungsaufschrift das Haltbarkeitsdatum an.
- Eine frische ungeöffnete Kokosnuss – dies gilt für reife und unreife Kokosnüsse – hält ungekühlt etwa 1 Woche, im Kühlschrank 2 bis 3 Wochen. Sobald sie geöffnet ist, sollte sie innerhalb 1 Woche verbraucht werden. Wenn das Fleisch junger Kokosnüsse einen lila-rosafarbenen Schimmer hat, ist es nicht mehr frisch. Ist das Fleisch reifer Kokosnüsse gelb, ist es ranzig und sollte nicht mehr verzehrt werden.

- Frisches Fleisch reifer Kokosnüsse bewahren Sie am besten in einem gut verschließbaren Gefäß auf, das Sie mit Wasser gefüllt haben. Erneuern Sie das Wasser alle 2 bis 3 Tage. So hält es etwa 1 Woche. Frieren Sie das Fleisch ein, hält es gut 6 Monate.
- Abgepackte Kokosraspel oder -chips halten ungeöffnet etwa 1 Jahr. Geöffnet bleiben sie an einem kühlen, dunklen Ort 6 Monate frisch, im Kühlschrank 8 Monate, im Gefrierschrank 1 Jahr.
- Kokosöl und Kokosmus in Rohkostqualität halten sich in der Vorratskammer fast 2 Jahre.

Die folgende Tabelle informiert Sie über die Haltbarkeit einzelner Kokosprodukte.

Kokosprodukte und ihre Haltbarkeit			
	Vorratskammer *Haltbarkeit*	**Kühlschrank** *Haltbarkeit*	**Gefrierschrank** *Haltbarkeit*
Ungeöffnet			
Frische Kokosnuss	1 Woche	2–3 Wochen	6–8 Monate
Getrocknete Kokosnuss	6–12 Monate	6–8 Monate	8–12 Monate
Geöffnet			
Frische Kokosnuss	—	1 Woche	6–8 Monate
Hausgemachte getrocknete Kokoschips	2–3 Monate	2–3 Monate	6–8 Monate
Getrocknete Kokoschips, abgepackt	4–6 Monate	6–8 Monate	8–12 Monate
Kokosöl oder -mus	1–2 Jahre	—	—

Quelle: *eat by date* (*www.eatbydate.com*)

Häufig gestellte Fragen

Wo kann ich Kokosprodukte kaufen?

In den meisten Lebensmittelmärkten, Naturkostläden, Bio-Supermärkten oder Reformhäusern. Frische Trink-Kokosnüsse gibt es in gut sortierten Asia-Märkten. Viele Kokosprodukte sind auch im Internet erhältlich (siehe Bezugsquellen auf Seite 185). Mehr Informationen zu den Produkten finden Sie in Kapitel 7 ab Seite 178.

Was ist der Unterschied zwischen Kokosöl und Kokosmus?

Kokosmus besteht aus dem pürierten Fleisch der Kokosnuss. Kokosöl ist der Fettanteil, der aus der Kokosnuss gewonnen wird. Kokosmus besteht zu etwa 65 Prozent aus Kokosöl und zu 35 Prozent aus Kokosfleisch. Beides ist bei Raumtemperatur fest und schmilzt erst ab einer Temperatur von 24 °C.

Müssen Kokosmus und Kokosöl im Kühlschrank aufbewahrt werden?

Kokosöl und Kokosmus müssen nicht in den Kühlschrank, da sich beide in der Vorratskammer monatelang, ungeöffnet sogar jahrelang halten. Auf Seite 183 finden Sie genaue Angaben zur Haltbarkeit von Kokosprodukten.

Wie viel Kokosnuss brauche ich täglich?

Wenn Sie Kokosnuss essen, um Ihre Gesundheit zu unterstützen, sollten Sie täglich 3 bis 4 Esslöffel zu sich nehmen. Dies kann sich je nach Veranlagung und gesundheitlichen Zielen ändern. Bevor Sie drastische Veränderungen Ihres Lebensstils vornehmen, sollten Sie dies mit Ihrem Arzt oder Ernährungsberater besprechen.

Kann man zu viel Kokosnuss essen?

Bislang wurden keine negativen gesundheitlichen Effekte festgestellt, die auf übermäßigen Kokoskonsum zurückgehen. Sie sollten darauf achten, kein gehärtetes Kokosfett zu essen oder Produkte, die solche Fette enthalten. Wie bei allen fettreichen Nahrungsmitteln ist auch hier das richtige Maß von Bedeutung, auch wenn es sich um gute Fette handelt. Steigern Sie den Anteil der Kokosnuss an Ihrer Ernährung langsam, bis Sie auf die empfohlenen 3 bis 4 Esslöffel täglich kommen.

Gibt es Menschen, die keine Kokosnuss vertragen?

Eine Allergie auf Kokosnüsse ist wirklich selten. Wenn Sie jedoch negativ auf die Kokosnuss und ihre Produkte reagieren oder wenn sich eindeutige allergische Reaktionen zeigen, sollten Sie Kokosprodukte auf jeden Fall meiden.

Bezugsquellen

Kokosblütenzucker in Rohkostqualität (aus dem Saft der Kokosblüte): in gut sortierten Naturkostläden erhältlich oder im Internet über *www.amrita.de*, *www.tausendkraut.com* oder *www.zentrum-der-gesundheit.de*

Kokosbutter, kalt gepresst, in Bio-Qualität: in Reformhäusern, Naturkostläden und Bio-Supermärkten erhältlich sowie bei *www.govinda-natur.de*

Kokoschips in Bio-Qualität: finden Sie in Ihrem Reformhaus, Naturkostladen oder Bio-Supermarkt sowie online bei *www.amrita.de* oder *www.topfriuts.de*

Kokosflakes, ungesüßt, in Bio-Qualität: in Reformhäusern, Naturkostläden und Bio-Supermärkten erhältlich sowie in Internet bei *www.amrita.de* oder *www.keimling.de*

Kokosmehl und Kokosmilch in Bio-Qualität: erhalten Sie gut sortierten Reformhäusern, Naturkostläden oder Bio-Supermärkten

Kokosmus, roh, in Bio-Qualität (aus Kokosfleisch): in Reformhäusern, Naturkostläden erhältlich sowie bei *www.amrita.de* oder *www.drgoerg.com*

Kokosnektar oder -sirup in Bio-Qualität (die flüssige Vorstufe von Kokosblütenzucker): erhalten Sie gut sortierten Naturkostläden oder bei *www.drgoerg.com*

Kokosöl (fest oder flüssig), in Rohkostqualität: finden Sie in Ihrem Reformhaus, Naturkostladen oder Bio-Supermarkt sowie im Internet bei *www.amrita.de*, *www.drgoerg.com*, *www.keimling.de* oder *www.rohkostgalerie.de*

Kokosraspel, ungesüßt, in Bio-Qualität: können Sie im Reformhaus, Naturkostladen oder Bio-Supermarkt kaufen

Kokoswasser in Bio-Qualität: in Reformhäusern, Naturkostläden und Bio-Supermärkten sowie bei *www.amrita.de* und *www.shop.respekt-bio.com* erhältlich

Verzeichnis der Rezepte

Hauptgerichte und Beilagen

Snacks

Salate

Über die Autorin

Megan Roosevelts Berufung ist es zweifellos, gesund-köstliche Lebensmittel aufzutreiben. Als „Healthy Grocery Girl®" und Ernährungswissenschaftlerin hilft sie anderen, die für sie richtigen Produkte zu finden. Sie hält dazu Vorträge, tritt im Fernsehen auf und schreibt in einem Blog (*www.healthygrocergirl.com*).

Auf ihrer Webseite bietet das Healthy Grocery Girl Tipps zum Thema Ernährung und Gesundheit an. Ihr Ziel ist es, ihren Mitmenschen zu helfen, ein sinnvolles Leben zu führen, das ihnen erlaubt, ihre tiefinneren Leidenschaften zu verwirklichen.

Megans Geschichte ist die eines Erwachens, da sie selbst unter einer Essstörung litt, bis sie begann, ihren Körper zu akzeptieren und ihm die Aufmerksamkeit zuteil werden zu lassen, die er verdient.

Dank

Ich möchte allen Menschen danken, die dazu beigetragen haben, dass dieses Buchprojekt verwirklicht werden konnte: *Quayside Publishing Group* und *Fair Winds Press*. Danke an das Quayside-Team, das mir genug Vertrauen entgegenbrachte und mir half, meinen Traum zu verwirklichen.

Danke meinem geliebten Mann Aaron für all die Ermutigung, Geduld und Unterstützung, die er mir schenkte. Und dafür, dass er meine Liebe zur Kokosnuss teilt! Danke meiner Familie: meiner Mutter, meinem Vater, meinem Bruder und allen Onkeln, Tanten, Cousinen, Großmüttern sowie meiner Schwiegermutter und der Familie meines Mannes. Ein herzliches Dankeschön an meine Freunde Tina, Kelsi, Amber, Abe, Lisa und Crystal, die mich beim Schreiben unterstützt haben. Danke dem Healthy-Grocery-Girl-Team, vor allem Lisa. Danke an alle Follower der *Healthy Grocery Girl Community*, die mit mir die Leidenschaft für gutes Essen und einen gesunden Körper teilen! Danke an meine Mentoren, die mir geholfen haben, beruflich den Weg zu finden, der der meine ist. Danke an alle Kollegen, Ernährungsberater, Forscher und Autoren, die ihr Wissen mit mir geteilt haben. Danke an all meine Kuden, die mich immer aufs Neue mit ihren Lebensgeschichten und ihrem Mut auf dem Weg zu einer ganzheitlichen Ernährung inspirieren. Ich verdanke Ihnen mehr, als ich je in Worten ausdrücken kann!

Zu guter Letzt danke ich der Gnade Gottes, die mir erlaubt, all das, was ich selbst erfahren habe, an andere weiterzugeben. Ich hoffe, dass diese Erfahrungen viele Menschen erreichen und dass sie immer neue Wege entdecken mögen, mit Hilfe der Kokosnuss zu mehr Gesundheit, Zufriedenheit und Schönheit zu finden!

Laurie Boone

Superfoods for Life
CHIA

Mit 75 leckeren
Rezepten für Ihren
täglichen Speiseplan

HANS-NIETSCH-VERLAG

www.nietsch.de

ALLE REZEPTE SIND GLUTEN-FREI UND VEGAN!

LAURI BOONE

DAS GROSSE
BUCH DER
SUPER
FOODS

Pflanzliche Supernahrung
von Avocado bis Weizengras.
Für Gesundheit, Leistungs-
fähigkeit und das persönliche
Wohlfühlgewicht

HANS-NIETSCH-VERLAG

www.nietsch.de